SCHÖNERES WANDERN

RHEINSTEIG
EINFACH

AF291821

Ulrike Poller und Wolfgang Todt

Der Rheinsteig folgt dem rechten Ufer des Rheins von Wiesbaden über Koblenz bis Bonn. Auf oft verwunschenen Pfaden werden steile An- und Abstiege bewältigt, die besonders im Herzstück des Rheinsteigs, dem UNESCO-Welterbe Oberes Mittelrheintal, atemberaubende Erlebnisse präsentieren. Dank der perfekten Infrastruktur (Zug, Schiff, Pkw) eignet sich der Rheinsteig sowohl für ambitionierte Langstreckentouren als auch für kurze Schnupperwanderungen. Wer ein langes Wochenende an beiden Ufern des Rheins verbringen möchte, kann einige Rheinsteig-Etappen mit dem Rheinburgenweg verbinden.

NEU: Wer unterwegs immer wissen möchte, ob er auf dem richtigen Weg ist kann sich alle Tourdaten mit der App „traumtouren" auf die meisten Smartphones und Tablets laden.

Inhalt

Neu Lesen. Laden. Losgehen. Die einfache Tour-App.

▶ Infos Seite 5

Zeichen im Buch

Wanderweg		Telefonnummer	
Zuwege		Internet-Adresse	
Einfach		Öffnungszeiten/Termine*	
Mittel		Start/Ziel	
Schwer		Streckenpunkt	
Sehr schwer		Tourist-Info	

Erläuterung zur Schwierigkeit unter:
www.schoeneres-wandern.de/html/schwierigkeit.html

An- bzw. Abfahrt Bahn		Einkehren	
An- bzw. Abfahrt Bus		Übernachten	
Parkplatz		Taxi	
Fähre		Entdecken	
Besonderer Streckenpunkt		Kindertipp	
QR-Code (▶ Infos Seite 5 und 173)		Burg	

- **Höhenangaben:** Bezogen auf NN
- **Entfernungsangaben:** Beschriebene Hauptstrecke inkl. empfohlener Abstecher (ca.)
- **GPS-Daten:** Kürzeste Strecke
- **Zeitangaben:** Mittleres Wandertempo (reine Gehzeit, ohne Pausen)
- **Koordinatenangaben der POIs:** Wir geben UTM-Koordinaten der Zone 32 U WGS 84 an. Dieses System nutzen u.a. alle offiziellen Karten der Landesvermessungsämter. Für die Pkw-Navigationsgeräte geben wir für die Park-/Startplätze die geografischen Koordinaten in Breite/Länge (hddd°mm's s.s) an. Diese können von den meisten gängigen AutoNavis verwendet werden. In den Outdoor GPS-Geräten sowie auf PC und mobilen Geräten können die Koordinatensysteme entsprechend eingestellt werden.
- **Kalorienberechnung:** Für jede Etappe wird der Kalorienverbrauch (Grund- plus Leistungsumsatz) angegeben. Dieser wird unter Berücksichtigung von Entfernung, Aufstieg, Zeit, Ge schlecht, Alter, Gewicht und Körpergröße für zwei Beispielpersonen berechnet (Mann: 50 Jahre, 175 cm, 70 kg; Frau: 50 Jahre, 165 cm, 60 kg). Ihre persönliche Berechnung können Sie unter www.schoeneres-wandern.de durchführen. Die Kalorienberechnung ist für Mittel-gebirgstouren optimiert.

**Öffnungszeiten sind saisonabhängig. Bitte telefonisch erfragen.*

Hike & Bike

Kostenlos die App *traumtouren* testen

Lesen, laden, losgehen: So einfach war es noch nie, die beschriebenen Routen auf dem Smartphone anzuzeigen. Laden Sie dazu bei Apple iTunes (für iPhones und iPads) oder im Google Play Store (für Android-Geräte) die kostenlose Testversion der App „traumtouren".*

1. Öffnen Sie die App. Im Buch finden Sie am Beginn jedes Kapitels einen QR-Code. Scannen Sie den Code aus der geöffneten App heraus.

2. Automatisch wird die entsprechende Tour auf der Kartengrundlage von Google Maps angezeigt. Beim Laden ist dazu eine Mobilfunk- (hier fallen evtl. Kosten an) oder WLAN-Verbindung notwendig.

3. Unterwegs können Sie jederzeit Ihre aktuelle Position verfolgen und (bei bestehender Mobilfunkverbindung) zusätzliche Informationen, Tipps und Fotos abrufen.

Bitte beachten Sie: Das Scannen der QR-Codes klappt am besten mit Smartphones, die über eine Autofocus-Funktion verfügen. Alternativ zum Scannen können Sie in der App den TourCode eingeben.

Wichtig: Scannen Sie den TourCode versehentlich nicht direkt aus der App „traumtouren" (sondern über einen normalen QR-Scanner) öffnet sich nur die Karte mit dem Startpunkt der Tour. Via Google Maps können Sie sich dann dorthin navigieren lassen. Je nach Mobilfunk-Vertrag können für die Datenübertragung (besonders im Ausland) Kosten anfallen.

*Die Basisversion von „traumtouren" ist gratis und enthält als Bonus weitere fünf Wander- und Radtouren. Bitte beachten Sie die gesonderten Nutzungsbedingungen. Es besteht kein Anspruch auf Verfügbarkeit. Die App ist nicht Bestandteil des Buchkaufs.

Lesen. Laden. Losgehen.

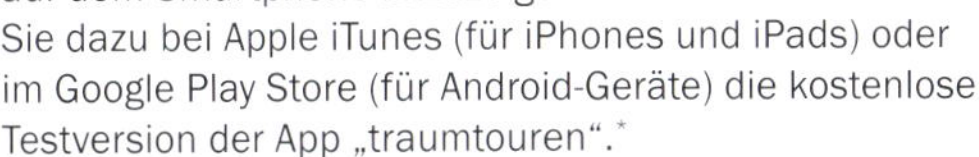

VOM RHEIN ZUM WEIN

Nicht naschen, bloß gucken!

- **Start:** Wiesbaden
- **Ziel:** Rauenthal
- **Gesamtlänge:** 22.3 km
- **Gesamtzeit:** 7 Std. 15 Min.
- **Anspruch:**
- **Kalorien:** ♀ 1557 ♂ 1828
- **Tour Download:** EX1T25PR

- **Anfahrt:** Über die A 66 oder die A 643 nach Wiesbaden.

- **Rückfahrt:** Vom Rheintal gelangt man über die B 42, ansonsten über die B 260 bis Martinsthal. Von dort folgt man der K 641 nach Rauenthal.

- **Parken:**
- Biebrich N50° 02' 11.4" • E8° 14' 11.2"
  Hafen N50° 02' 32.6" • E8° 11' 23.7"
- Nürnberger Hof
  N50° 03' 41.9" • E8° 09' 52.3"
- Schlangenbad
  N50° 05' 37.7" • E8° 05' 41.9"

- **Wegpunkte:**
- **P1:** Schloss Biebrich
  32 U 445155 5543036
- **P2:** Schierstein Hafen
  32 U 442030 5543540
- **P3:** Nürnberger Hof
  32 U 440144 5545811
- **P4:** Goethestein 32 U 439874 5545909
- **P5:** Monstranzenbaum
  32 U 438478 5547296
- **P6:** Grauer Stein 32 U 437984 5547815
- **P7:** Schlangenbad 32 U 435652 5549376
- **P8:** Kneippanlage 32 U 435446 5547293
- **P9:** Abzweig nach Rauenthal
  32 U 436183 5545751

scan to go

QR-Code aus der App „traumtouren" einscannen und Route anzeigen lassen.

P7
Schlangenbad
L 303
Klarenthal
Georgenborn
L 3441
Wiesbaden
P6
P5
P8
B 260
Dotzheim
Frauenstein
K 646
P9
K 655
Rauenthal
P4
P3
K 641
Martinsthal
Freudenberg
A 643
Schierstein
Biebrich
A 66
B 260
K 648
P2
Walluf
P
B 42
Eltville
K 639
Rhein
P1
K 642
K 638
L 423
Budenheim
Mombach
A 643
Mainz
Gonsenheim
1 km
Während der Bauarbeiten an der
Schiersteiner Brücke wird der
Rheinsteig umgeleitet. Bitte be-
achten Sie die aktuelle Ausschil-
derung.
P8: Kneippanlage
P3: Nürnberger Hof
P7: Schlangenbad
P4: Goethestein
P2: Schierstein
Hafen
P1: Schloss
Biebrich
P6: Grauer Stein
P5: Monstranzenbaum
P9: Abzweig nach Rauenthal
km 1 2 3 4 5 6 7 8 9 10 11 12 13 14 15 16 17 18 19 20 21 21,9
1h15'   2h30'   4h 4h15'   5h15'   6h15'   7h

Direkt vor den Stufen der leuchtend rotweißen Fassade des Biebricher Schlosses (1) in Wiesbaden legen wir los zur ersten Rheinsteigetappe!

! Während der Bauarbeiten an der Schiersteiner Brücke wird der Rheinsteig zeitweise umgeleitet. Bitte folgen Sie der aktuellen Ausschilderung.

Entlang des Ufers gelangen wir zur Schiersteiner Brücke. Nach **3.3 km** nutzen wir den Steg am Schiersteiner Hafen (2) und genießen einen letzten Blick über die Rheinauen, bevor uns der Rheinsteig durch wenig belebte Nebenstraßen Schiersteins führt. Bahntrasse und Autobahn stellen dank des Fußgängertunnels keine Hindernisse dar, und so können wir bereits **5.7 km** nach dem Start in der grünen Umgebung der Gartensiedlung Frauenstein

tief durchatmen. Durch die gepflegten Gärten erreichen wir wenig später erstmals freies Feld: Vor uns breiten sich die im Frühjahr üppig blühenden Streuobstwiesen des Rheingaus auf. Kaum ein Obst, das hier nicht angebau wird und während der Saison in den Dörfern direkt bei den Erzeugern an kleinen Ständen zu vernünftigen Preisen erworben werden kann. Hier ist de Rheinsteiger sprichwörtlich Selbstversorger.

Wir wandern recht gemütlich das Leierbachtal aufwärts und passieren nach dem ersten Aufstieg das Hofgut Nürnberger Hof (3) **(8.5 km)**. Weiter bergan gelangen wir zu einer Sitzgruppe am Rand eines Wäldchens, von dem aus man einen tollen Panoramablick auf den Rheingau genießen kann! Nur 100 m später ist es am Goethestein (4) dank des Ausblicks absolut nachvollziehbar, warum der große Dichter und

Schloss Biebrich.

Goethestein.

Denker von diesem Platz so begeistert war. Neben dem Goethestein führt eine Treppe am alten Steinbruch „Spitzer Stein" vorbei zu einem Feldweg. Tolle Ausblicke begleiten uns rechts zum nahen Waldrand, wo sich der Pfad deutlich absenkt. Der Rheinsteig führt uns mit einigen Schlenkern durch Hecken und alte Weinberge zu den ersten Häusern von Frauenstein.

Nach **10.3 km** queren wir im Tal die Georgenborner Straße und laufen durch ein ruhiges Wohngebiet wieder bergan. Oben angelangt, queren wir eine schmale Straße, dann bleibt die Bebauung endgültig zurück. Begleitet von schönen Aussichten, wandern wir am Rand der Weinberge entlang zum „Schlangenpfad". Hier zeigt sich manchmal die Äskulapnatter, eine ungiftige und harmlose, mittlerweile seltene und streng geschützte heimische Schlangenart. Der Pfad endet am Lindenbach, dem wir rechts zum Wald folgen. Dort beginnt der Aufstieg zum Monstranzenbaum (5), der früher wie eine Monstranz ausgesehen hat, inzwischen aber abgestorben und umgefallen ist. Einige Relikte sind noch neben dem Weg zu sehen, der am gleichnamigen Parkplatz nach **12.7 km** links in den Wald abknickt.

Erheblich widerstandsfähiger ist da schon der nach insgesamt **13.4 km** erreichte Graue Stein (6). Genau genommen handelt es sich hier nicht um einen einzelnen Stein, sondern um einen veritablen Felsriegel aus Quarz, der dank seiner großen Härte der Verwitterung und Erosion schon seit Zigmillionen Jahren trotzt. Gerade noch oben, geht es mal wieder steil abwärts, ein kleiner Bach möchte gequert werden. Nachdem

wir uns wieder emporgekämpft haben, passieren wir die Siedlung Georgenborn und erreichen vorbei an der Maxhütte das weite Tal des Wallufbachs. Zahlreiche Schleifen führen uns mitten in den Kurort Schlangenbad (7). Durch den schmucken Kurpark geht es zum Wahrzeichen des Ortes, dem Schlangenbrunnen beim Kurhaus. Nun liegen **17 km** hinter uns, und wir laufen (vielleicht nach stärkender Pause in einem der Cafés) hinauf in den wunderbaren Hochwald. Abwechslungsreich präsentiert sich der Mischwald, und zur richtigen Jahreszeit stärken leckere Waldhimbeeren den Wanderer.

Eine Erfrischung vollkommen anderer Art erwartet uns am Waldrand (hier geht es links erstmals nach Rauenthal, wir folgen aber noch dem Rheinsteig): Eine Wassertretstelle (8) lädt zum Kneippen ein! Topfit laufen wir nach dieser Anwendung ein wenig abwärts, queren einen Bach und befinden uns nun in der Gemarkung Spitzeruck auf einer großen Waldwiese. Auf weichem Graasweg nähern wir uns dem hier eher niedrigen Wald. Über einen breiten Weg treffen wir nach insgesamt **21.9 km** wieder im Bachtal ein. Ein letzter kurzer Anstieg und wir haben die Abzweigung nach Rauenthal (9) erreicht. Nun sind es nur noch etwa 400 m, bis wir per Abweg an unserem wohlverdienten Etappenziel eintreffen.

Grauer Stein.

Schlangenbrunnen in Schlangenbad.

ⓘ Tourist-Info Wiesbaden, Marktplatz 1, 65183 Wiesbaden
📞 0611/1729930
▪ Tourist-Info Eltville, Rheingauer Str. 28, 65343 Eltville am Rhein 📞 06123/90980

🍴 Nürnberger Hof, Weingut und Gaststätte, 65201 Wiesbaden-Frauenstein
📞 0611/421626
🕐 www.hof-nuernberg.de
🌣 Do. Ruhetag, Betriebsferien: Mitte Nov. bis Mitte Feb. ▷ 0 km
▪ Wambacher Mühle, 65388 Schlangen-
bad 📞 06129/1227 ▷ 1.3 km

🛏 Hotel Weinhaus Sinz, Herren-
bergstraße 17, 65201 Wiesbaden
📞 0611/942890 ▷ 0 km
▪ Parkhotel Sonnenberg, Friedrichstr. 65, 65343 Eltville 📞 06123/60550
🕐 www.parkhotel-sonnenberg.com
▷ 3.3 km
▪ Jugendherberge Wiesbaden, Blücherstr. 66–68, 65195 Wiesbaden 📞 0611/48657
▪ Reisemobilhafen Wiesbaden, Wörther-See-
Str. 29, 65187 Wiesbaden 📞 0172/6627012
🕐 www.reisemobilhafen-wiesbaden.de
▪ Campingplatz Schierstein, Rettbergsaue, 65201 Wiesbaden 📞 06134/4383
🕐 www.wiesbaden.de

🚌 Wiesbaden ist gut mit der Bahn erreichbar. 🕐 www.mitrtv.de

🚕 Taxizentrale Wiesbaden
📞 0611/333333
▪ Funk-Taxi-Zentrale 📞 0611/99999

❗ Wer den Rheingau besucht, darf eines auf keinen Fall verpassen: den Rheingauer Wein! Im Rheingau bieten viele Weingüter nahe am Rheinsteig einen Gutsausschank.

Ein steinaltes Bauwerk

Die von Bodo von Idstein gegründete Burg Frauenstein gehört zu den ältesten Bauwerken des frühen Mittelalters in Deutschland. Zwar belegen Urkunden erst ab 1221 die Existenz der Burg, aber ein Balken aus der Gründungszeit konnte mit moderner Analytik auf das Jahr 1184 datiert werden.

Im Gegensatz zu vielen mittelrheinischen Burgen wurde die Frauenstein nur selten bestürmt, was dazu beigetragen hat, dass Ende des letzten Jahrhunderts noch fast 80 Prozent der Bausubstanz des mächtigen Bergfrieds erhalten war! Auch wenn die stolze Ruine zu den kleinsten der nassauischen Burgen zählt, ist sie tatsächlich steinalt.

IM REICH DES RIESLINGS

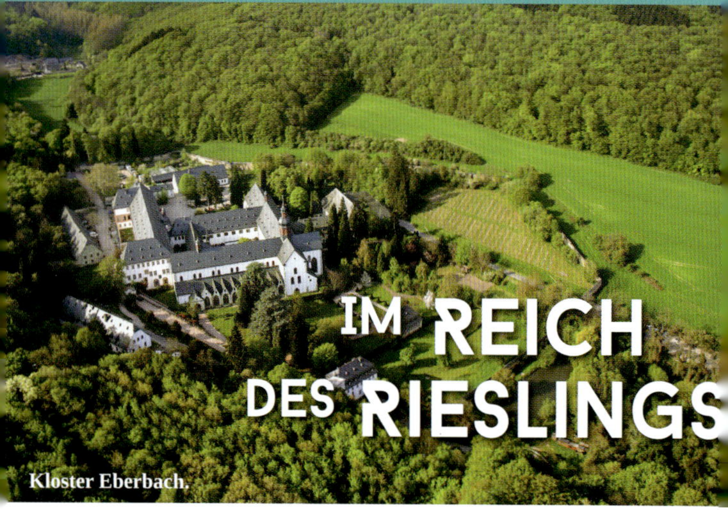

Kloster Eberbach.

- ■ **Start:** Rauenthal
- ■ **Ziel:** Kühn's Mühle
- ■ **Gesamtlänge:** 16.9 km
- ■ **Gesamtzeit:** 5 Std. 25 Min.
- ■ **Anspruch:**
- ■ **Kalorien:** ♀ 1185 ♂ 1391
- ■ **Tour Download:** EX2T24PR

- ■ **Anfahrt:** Vom Rheintal (B 42) folgt man der B 260 nach Martinsthal. Von dort geht es über die K 641 nach Rauenthal.

- ■ **Rückfahrt:** Von Kühn's Mühle gelangt man über Zuwege zu Fuß in 3 km nach Oestrich-Winkel und zur B 42. Dort gibt es Bahn- und Busanschluss.

scan_to_**go**

QR-Code aus der App „traumtouren" einscannen und Route anzeigen lassen.

- ■ **Parken:**
- ■ Kiedrich
  N50° 02' 24.7" • E8° 04' 55.0"
- ■ Kloster Eberbach
  N50° 02' 33.3" • E8° 02' 55.8"

- ■ **Wegpunkte:**
  P1: Abzweig Rauenthal
  32 U 436183 5545751
  P2: Waldgaststätte Rausch
  32 U 435424 5544900
  P3: Ruine Scharfenstein
  32 U 434221 5544335
  P4: St. Dionysius und Valentinus
  32 U 434388 5543648
  P5: Kloster Eberbach
  32 U 431605 5544062
  P6: Unkenbaum
  32 U 430778 5544149
  P7: Susberg Hütte
  32 U 429860 5542560
  P8: Kühn's Mühle
  32 U 428695 5541424

■ **Zuweg: 0.4 km** ■ **RheinSteig: 16.5 km** ■ **Abweg: 0 km** ■ **Gesamt: 16.9 km**
■ **Höchster Punkt: 353 m** ■ **Steigung: 453 m** ■ **Gefälle: 501 m**

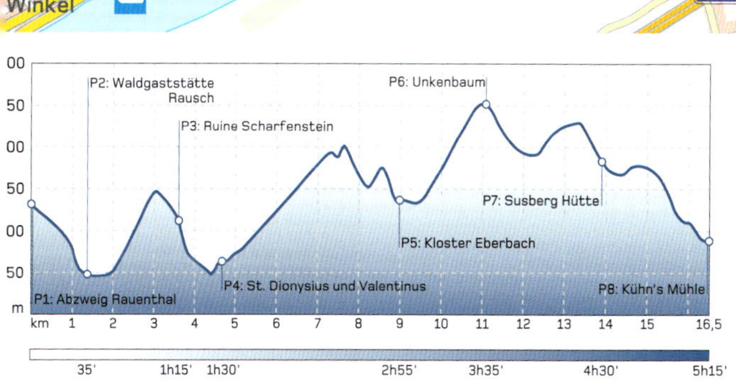

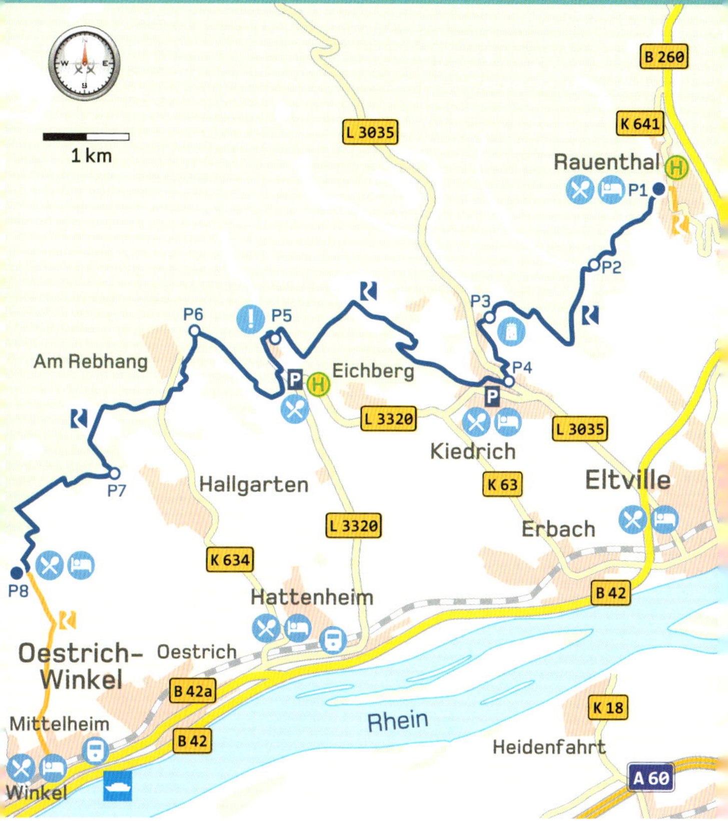

Heute wandern wir meist am Rand des Rheingaugebirges entlang und schwelgen in grandiosen Ausblicken auf das zu unseren Füßen liegende Weinparadies Rheingau. In Kiedrich und Kloster Eberbach begeben wir uns auf eine Zeitreise ins Mittelalter.

Schnell gelangen wir über den Zugangsweg von Rauenthal (1) aus zum Rheinsteig, dem wir heute weiter nach Westen bis Kühn's Mühle folgen wollen. Entlang des munter plätschernden Baches geht es durch Mischwald gemütlich voran. Wir queren bald den Bach und können auf der benachbarten Wiese zur richtigen Jahreszeit eine große Blütenvielfalt genießen. Leider viel zu früh einen Mittagsrast erreichen wir nach 1.3 km auf meist breiten Wegen die Waldgaststätte Rausch (2). Der urige Biergarten mit dem übergroßen Münchener im Himmel sieht einladend aus.

Uns zieht es weiter. Mal auf schmalem Waldpfad, mal auf breiterem Weg widmen wir uns dem ersten Anstieg des Tages. Vorbei am neuen Forsthaus gelangen wir am Waldrand zu einem fantastischen Ausblick: Weit erstrecken sich vor uns die schier endlosen Weinberge bis hinunter zum Rhein. Spätestens hier wird jedem klar, dass wir uns durch Deutschlands berühmtestes Weinbaugebiet bewegen.

Abwechslungsreich, dank einiger kurzer Waldpassagen, geht es weiter auf Kiedrich zu. Der weithin sichtbare Bergfried der Ruine Scharfenstein grüßt schon von Weitem, zuvor steht aber noch eine Attraktion ganz anderer Art am Wegesrand bereit: Wir passieren nach insgesamt 3.5 km den sogenannten Weinberg der Ehe. Seit 1976 bekommt jedes Ehepaar, das

sich in Kiedrich das Jawort gibt, einen Rebstock in eben diesem Weinberg geschenkt. Ob die dazugehörige jährliche Flasche Wein die Rate der Eheschließungen positiv beeinflusst, ist leider unbekannt … Nur wenige Meter später haben wir die Ruine Scharfenstein (3) erreicht. Zwar ist von der aus dem 12. Jahrhundert stammenden Burg seit der Zerstörung im 16. Jahrhundert nur noch der mächtige Bergfried erhalten, dennoch bekommt man eine Vorstellung von der alten Burganlage.

Beim Unkenbaum.

Nach ausgiebigem Ausblick verlassen wir den ehemaligen Regierungs- und Stammsitz der Scharfensteiner und steigen hinab nach Kiedrich. Hintenherum, entlang des Kiedricher Bachs, schleichen wir uns an, bis wir nach 4.6 km die Gemeinde unweit der berühmten und absolut sehenswerten gotischen Wallfahrtskirche St. Valentinus und Dionysius (4) betreten. Der hochgotische Holzaltar (15. Jahrhundert) sowie das kaum veränderte gotische Inventar machen sie zu einer der herausragenden Sehenswürdigkeiten des Rheingaus.

Aber auch der durch zahlreiche Fachwerkhäuser geprägte Kern von Kiedrich wirkt auf uns pittoresk und wie aus einer anderen Zeit. Gut geleitet von den Rheinsteigsymbolen, durchqueren wir den Ort und befinden uns bald wieder in den Weinbergen. Doch auch diese lassen wir schnell hinter uns und wandern über eine offene Wiesenfläche in das Grünbachtal hinein. Sofort ändert sich der Charakter der Wanderung, nicht mehr Weinbau steht nun im Vordergrund, sondern der nahe Wald prägt diesen Abschnitt. Mit etwas Glück zeigen sich hier Rehe auf Futtersuche. Wir verlassen die Wiese, gelangen mithilfe einer kleinen Brücke über den Grünbach und machen uns auf weichen Waldwegen an den steilen Aufstieg. Denn noch liegt ein mächtiger Bergrücken zwischen uns und dem nächsten Ziel, Kloster Eberbach.

Einen ersten Blick auf die beeindruckende Klosteranlage erhaschen wir nach dem Anstieg vom Waldrand aus. Bald haben wir das Tal erreicht, und der Rheinsteig führt uns nach 9.1 km einmal rund um die hohen Klostermauern (5). Direkt weiterzuwandern wäre Frevel, man sollte sich in jedem Fall Zeit für einen Rundgang nehmen.

Kloster Eberbach.

Danach geht es schließlich mit erneutem Anstieg, vorbei an einem tollen Ausblick, weiter Richtung Unkenbaum. Das ehemalige Naturdenkmal (6) musste gefällt werden. Die Wegkreuzung trägt aber weiter dessen Namen.

Oft in Waldrandnähe mit gutem Blick auf den Rheingau passieren wir die Siedlung Am Rebhang und schauen auf das tiefer gelegene Hallgarten. Ein letzter Anstieg führt uns nach insgesamt knapp 13.9 km zum Susberg, wo uns eine Schutzhütte (7) zum Verschnaufen einlädt. Einfach großartig ist der Blick, den wir von hier fast über den gesamten Rheingau genießen können.

15

Fachwerkhaus in Kiedrich.

Für heute geht es nun nur noch abwärts, zunächst am Jagdhaus Philippsburg vorbei und weiter zum Areal des Modellflugplatzes an der Oskar Ursinius Hütte.

Jetzt haben uns die Weinberge wieder voll im Griff, und wir wandern mitten durch die Reben zum Tagesziel. Nach insgesamt **16.5 km** und einer sehr ereignisreichen Etappe erreichen wir Kühn's Mühle **(8)**, wo wir uns bei einem Glas Wein erholen können.

Info Tour 2

ⓘ Tourist-Info Oestrich-Winkel, An der Basilika 11a, 65375 Oestrich-Winkel
☎ 06723/19433

🍴 Waldgaststätte Rausch, Wiesweg 93, 65346 Eltville ☎ 06123/4478
▷ 0 km
■ Kloster Eberbach, Klosterschänke, 65346 Eltville ☎ 06723/993299 ▷ 0.1 km
■ Hotel und Restaurant Kronenschlösschen, Rheinallee, 65347 Hattenheim
☎ 06723/640 ▷ 4.4 km

🛏 Kühn's Mühle, Gottesthal 116, 65375 Oestrich-Winkel ☎ 06723/4244 ▷
0 km
■ Advena Hotel Jesuitengarten, Hauptstr. 1, 65375 Oestrich-Winkel
☎ 06723/99020 ▷ 2.1 km
■ Rheingau-Campingplatz, 65347 Eltville/ Hattenheim Auweg 2–4 ☎ 06723/2827
■ Wohnmobilstellplatz Weinhohle, Weinhohle 1, 65343 Eltville
☎ 06123/90980

🚌 Vom Bahnhof Eltville fährt Buslinie 170 nach Rauenthal und Buslinie 172 zum Kloster Eberbach. Von Kühn's Mühle gelangt man per Zuweg zum Bahnhof Oestrich-Winkel. ⏱ www.mitrtv.de

🚕 Taxi Dill ☎ 06123/3152
■ Taxi Weldemann ☎ 06722/3300

❗ Das ehemalige Zisterzienserkloster Eberbach beherbergte im 12. und 13. Jh. bis zu 150 Mönche und bis zu 450 Laienbrüder! Der Rundgang durch Kloster und Museum lohnt sich! (Eintritt)

Ritterburg im Rebenreich

Hoch über Kiedrich wacht die Ruine der einst stolzen Burg Scharfenstein über das beschauliche Fachwerkstädtchen. Die Ursprünge der Burg reichen bis ins 12. Jahrhundert zurück, als sie Stamm- und Regierungssitz der Scharfensteiner war. Im 16. Jahrhundert wurde die Burg zerstört und fristet seitdem ein Schattendasein. Heute ist es der Burgfried, der sich noch mächtig in den Himmel reckt. Eine Besichtigung des Turms kann bei der Gemeinde beantragt werden (inkl. Helme).

3 Kühn's Mühle nach Rüdesheim

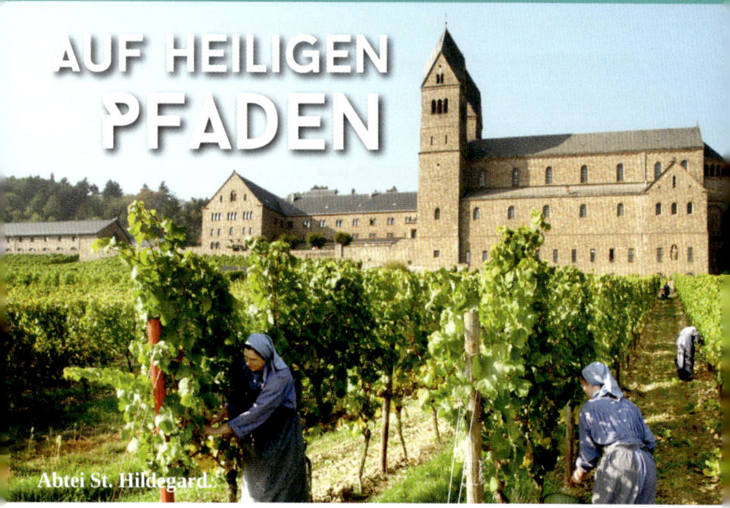
AUF HEILIGEN PFADEN
Abtei St. Hildegard.

- **Start:** Kühn's Mühle
- **Ziel:** Rüdesheim
- **Gesamtlänge:** 16.8 km
- **Gesamtzeit:** 5 Std.
- **Anspruch:**
- **Kalorien:** ♀ 1001 ♂ 1175
- **Tour Download**: EX3T23PR

- **Anfahrt:** Vom Rheintal (B 42) fährt man bis Oestrich-Winkel. Über Wirtschaftswege gelangt man nach 3 km zu Kühn's Mühle.

- **Rückfahrt:** Rüdesheim erreicht man über die B 42. Es gibt hier eine Autofähre und eine Personenfähre nach Bingen.

scan to go

QR-Code aus der App „traumtouren" einscannen und Route anzeigen lassen.

- **Parken:**
  - Vollrads N50° 00' 45.3" • E7° 59' 49.3"
  - L 3272 N50° 01' 42.3" • E7° 57' 10.1"
  - K 630 N50° 00' 06.3" • E7° 56' 29.9"
  - Abtei St. Hildegard N49° 59' 33.7" • E7° 55' 45.8"

- **Wegpunkte:**

  P1: Kühn's Mühle
  32 U 428695 5541424

  P2: Schloss Vollrads
  32 U 428098 5540500

  P3: Haus Neugebauer
  32 U 426294 5540885

  P4: Kloster Marienthal
  32 U 424579 5540345

  P5: Antonius Kapelle
  32 U 423980 5539753

  P6: Nothgottes
  32 U 423127 5539408

  P7: Abtei St. Hildegard
  32 U 423088 5538250

Zuweg: 0 km   RheinSteig: 14.4 km   Abweg: 2.4 km   Gesamt: 16.8 km
Höchster Punkt: 356 m   Steigung: 370 m   Gefälle: 334 m
Stephanshausen
K 630
L 3272
Wochenendhäuser
P1
P3
P4
P2
Schlossheide
Oestrich-Winkel
Marienthal
K 631
Johannisberg
Winkel
P5
K 984
P6
L 3272
B 42a
P7
K 630
Eibingen
Geisenheim
B 42
Rüdesheim
B 42
Rhein
A 60
Sporkenheim
P3: Haus Neugebauer
P5: Antoniuskapelle
P6: Nothgottes
P1: Kühn's Mühle
P4: Kloster Marienthal
P2: Schloss Vollrads
P7: Abtei St. Hildegard
km   1   2   3   4   5   6   7   8   9   10   11   12   13   14,4
m
30'   1h15'   2h35' 2h55' 3h15'   4h15'

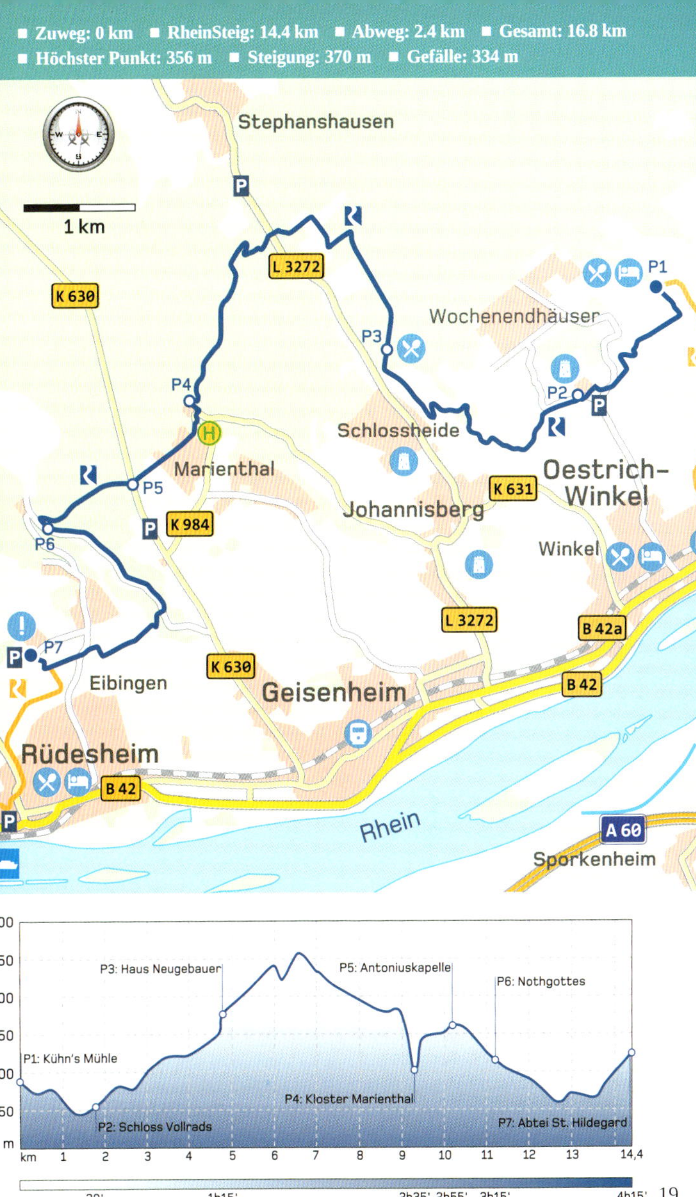

19

Vom Weinberg zum Rheinblick: Auf unserer Wanderung durch die Reben geht es heute auch besinnlich zu. Mit Kloster Marienthal und der Abtei St. Hildegard säumen gleich zwei bedeutende Gotteshäuser unsere Rheinsteigetappe.

Nach einer Übernachtung sozusagen direkt auf dem Rheinsteig, nämlich in Kühn's Mühle (1), geht es heute direkt in den Weinbergen des Rheingaus los. Stets auf Tuchfühlung mit dem wichtigsten landwirtschaftlichen Wirtschaftsfaktor, den Reben, verlieren wir gemächlich an Höhe und steuern zunächst das weithin sichtbare Schloss Vollrads (2) an. Der markante Turm aus dem Jahr 1330 ist charakteristisch für das Anwesen, dessen übrige Gebäude aus dem 18. Jahrhundert stammen.

Schloss Vollrads wurde von einem der ältesten Adelsgeschlechter des Rheingaus, dem der Herren von Greiffenclau, gegründet. Heute ist es in erster Linie als Weingut und Veranstaltungsort des Rheingau-Musikfestivals bekannt. Für uns ist es nach nur 1.8 km noch zu früh, dem hervorragenden Wein zuzusprechen, und so folgen wir den Rheinsteig-Logos weiter gen Westen.

Nach der Trennung vom Rieslingweg (Markierung: Weinkelch) wenden wir uns im Ansbachtal bergan, finden Durchschlupf durch eine alte Mauer und passieren das Schützenhaus Diana. Einige Richtungswechsel später befinden wir uns in einer Senke mit offener Streuobstwiese. Linker Hand erstreckt sich die Siedlung Schloßheide, die zu Johannisberg gehört. Unbeirrt setzen wir aber unseren Aufwärtstrend fort und gewinnen, während wir auf den nahen Waldrand zuhalten, weiter an Höhe. Bevor wir in den Wald eintauchen, lohnt der Blick zurück auf den Rheingau.

Szenenwechsel: Statt kultivierter Reben umfängt uns urwüchsiger Wald, statt breiter Wege haben wir einen engen Waldpfad unter den Füßen. Dieser verläuft noch einmal steil bergan, um uns unvermittelt an den Holzzaun des Hauses Neugebauer (3) zu bringen. Hier bietet sich durchgehend die Möglichkeit zur Einkehr. Allen, die nach den bisherigen gut 4.8 km mehr wandersüchtig als hungrig oder durstig sind, sei versprochen, dass es in Marienthal und auch in Rüdesheim weitere Labungsmöglichkeiten gibt.

So wandern wir weiter stetig bergan, denn es fehlen noch immer gut 70 Höhenmeter bis zum höchsten Punkt der heutigen Tour. Allerdings gestaltet sich die Etappe hier auf den Waldwegen ungeheuer abwechslungsreich: Gerade noch im Nadelwald, umgibt uns wenig später niedriger Mischwald, der besonders im Frühjahr mit zahlreichen Grünschattierungen aufwartet. Linker Hand öffnet sich der Wald, und wir passieren eine große Weide, auf der Streuobstbäume und Büsche dem Weidevieh trotzen. Danach führt uns der Rheinsteig über einige Wiesenflächen mit Büschen, die einen angenehmen Kontrast zu den Waldabschnitten bieten.

Schließlich haben wir die maximale Höhe erreicht und nähern uns der Landstraße von Stephanshausen nach Johannisberg. Auf der anderen Seite

Schloss Vollrads.

erwartet uns rechter Hand ein besonderes Terrain: Hier am Sandkopf ist auf dem Gelände eines alten Steinbruchs mittlerweile eine einzigartige Flora und Fauna entstanden, die unter strengem Schutz steht.

Zur richtigen Jahreszeit kann man sogar von außen (bitte das NSG nicht betreten!) seltene Pflanzen, wie zum Beispiel heimische Orchideen, blühen sehen. Zunächst auf breitem Weg, bald aber auf tollem Waldpfad geht es bei großartigem Blick ins Elsterbachtal hinunter zum Kloster Marienthal **(4)**, das wir nach etwa **9.2 km** erreichen.

Nach einem Rundgang verlassen wir diesen bedeutenden Wallfahrtsort und steigen von der Straße weg auf steilem Pfad hinauf in ein Neubaugebiet. Entlang von Feldern gelangen wir zum großen Parkplatz an der Antoniuskapelle **(5)**, wo wir erneut vom Wald umfangen werden. Herrlicher Laubmischwald begleitet uns erst gemächlich, dann steil abwärts ins Blaubachtal. Im Talgrund treffen wir auf zwei Teiche **(6)** unweit des ehemaligen Klosters Nothgottes.

Der Rheinsteig führt uns links durch das Blaubachtal abwärts. Vorbei an der Nonnenmühle geht es auf befestigtem Weg bis zu einer Brücke, von der wir zum nahen Schützenhaus aufsteigen. Hier ist wieder ein Vegetationswechsel angesagt. Statt Hecken, Büschen und Niederwald breiten sich nun wieder die Weinberge des Rheingaus vor uns aus. Weithin sichtbar ragt auch unser heutiges Tagesziel auf: die mächtige Abteikirche St. Hildegard.
Wir erreichen durch die Weinreben die schmale Straße von Eibingen, queren sie und statten der berühmten Abtei

Blick auf Rüdesheim.

HOTEL & RESTAURANT
NEUGEBAUER

TRADITIONSREICHES   IDYLLISCHES

WANDERHOTEL & RESTAURANT

Familiäres 3-Sterne Hotel direkt am Rheinsteig und nah der Riesling-Route
Modern ausgestattete Gästezimmer (Sat-TV /Flat, W-Lan) mit Halbpension buchbar
Faire Preise und saisonale Pauschalangebote speziell für Wanderer
Herzhafte Rheingauer Spezialitäten aus unserer regionalen Frischküche
Gemütliches restaurant uns Sonnenterrasse inmitten des Waldes
Kleine Gerichte und Vesper, wöchentlich wechselnde Extrakarte

Hotel & Restaurant Neugebauer 65366 Geisenheim - Johannisberg
An der Landstraße L3272 zwischen Johannisberg und Stephanshausen
Telefon 06722 - 96050 info@hotel-neugebauer.de www.hotel-neugebauer.de

St. Hildegard (7) einen Besuch ab (rechts). Hier endet auch unsere heutige Rheinsteigwanderung nach **14.4 km**. Um nach Rüdesheim zu gelangen, ❶ folgen wir dem mit gelbem Strich markierten Wanderweg noch etwa 2.4 km abwärts bis ins Zentrum des berühmten Weinortes.

Rüdesheim.

ⓘ Tourist-Info Rüdesheim, Rheinstraße 29a, 65385 Rüdesheim ☏ 06722/906150

✕ Haus Neugebauer, An der Landstr. L 3272, 65366 Geisenheim/OT Johannisberg ☏ 06722/96050 ▷ 0 km
■ Gutsrestaurant Schloss Vollrads, 65375 Oestrich-Winkel ☏ 06723/5270 ▷ 0 km

🛏 Hotel/Restaurant Zum Bären, Schmidtstr. 31, 65385 Rüdesheim ☏ 06722/90250 ▷ 1.2 km
■ Hotel „Zum grünen Kranz", Oberstr. 42–44, 56385 Rüdesheim ☏ 06722/48336 ▷ 2.0 km
■ Jugendherberge Rüdesheim, Jugendherberge 1, 65385 Rüdesheim ☏ 06722/2711 ▷ 0.4 km
■ Campingplatz am Rhein GmbH Auf der Lach, 65385 Rüdesheim am Rhein ☏ 06722/2528
■ Wohnmobilstellplatz am Sportzentrum Kirchstr. 126, 65375 Oestrich-Winkel ☏ 06723/19433

🚌 Ein Zuweg verbindet den Bahnhof Oestrich-Winkel mit Kühn's Mühle. Rüdesheim ist gut mit der Bahn erreichbar. 🕐 www.mitrtv.de

🚕 Taxi Bob ☏ 06722/99000
■ Taxi Dill ☏ 06123/3152

❶ Die Abtei St. Hildegard wurde im 12. Jahrhundert ursprünglich als Augustinerkloster gegründet. Hildegard von Bingen übernahm 1165 das Kloster, das 1802 in der Säkularisation aufgehoben und erst 1904 erneut belebt wurde. 🕐 www.abtei-st-hildegard.de

Doppeltes Bollwerk am Rhein

Brömserburg & Boosenburg: Ab dem 10. Jahrhundert wurden in Rüdesheim zwei Burgen erbaut: die untere Niederburg (Brömserburg) und die unmittelbar oberhalb gelegene Oberburg (Boosenburg). Die Brömserburg wurde als massiver, aber niedriger Bau angelegt und kam im 13. Jahrhundert in den Besitz der Brömser. 1640 wurde sie teilweise zerstört. Die Brömserburg mit dem Weinmuseum kann besichtigt werden ☏ 06722/2348.

Rüdesheim mit seinen beiden Burgen.

- **Start:** Rüdesheim
- **Ziel:** Assmannshausen
- **Gesamtlänge:** 11.1 km
- **Gesamtzeit:** 3 Std. 45 Min.
- **Anspruch:**
- **Kalorien:** ♀ 620 ♂ 728
- **Tour Download:** EX4T22PR

- **Anfahrt und Rückfahrt:** Rüdesheim und Assmannshausen sind beide gut durch das Rheintal über die B 42 und mit der Bahn zu erreichen. In Rüdesheim gibt es eine Auto- und eine Personenfähre nach Bingen.

- **Parken:**
- Brömserburg
  N49° 58' 40.0" • E7° 55' 02.4"
- Seilbahn
  N49° 58' 52.6" • E7° 55' 25.6"
- Niederwald Monument
  N49° 58' 55.8" • E7° 54' 01.8"
- Jagdschloss
  N49° 59' 07.4" • E7° 53' 00.3"
- Assmannshausen
  N49° 59' 14.5" • E7° 51' 59.2"

- **Wegpunkte:**
  P1: Abtei St. Hildegard
  　32 U 423088 5538250
  P2: Tempel 32 U 421256 5537206
  P3: Niederwalddenkmal
  　32 U 421141 5537071
  P4: Rossel 32 U 419553 5536946
  P5: Zauberhöhle 32 U 419654 5537125
  P6: Bergstation Sesselbahn
  　32 U 419785 5537711
  P7: Assmannshausen
  　32 U 418794 5537949

scan to **go**

QR-Code aus der App „traumtouren" einscannen und Route anzeigen lassen.

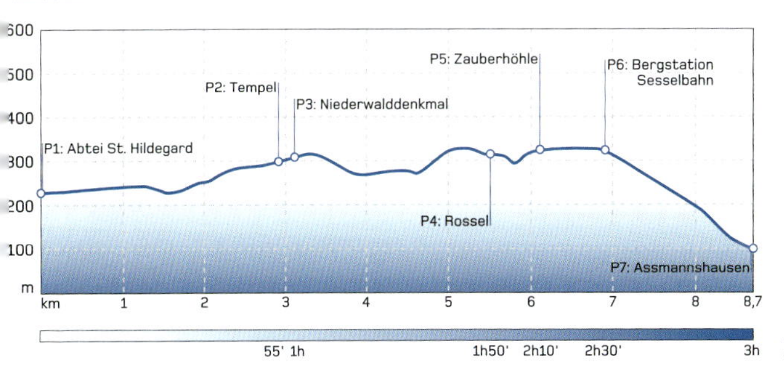

L 3454
Aulhausen
K 624
L 3454
L 3034
P1
Assmannshausen
P7
P
L 3034
P6
P
L 3034
L 3034
P
L 3034
P2
Rüdesheim
P5
P3
P4
P
P
P
P
B 42
Rhein
B 9
L 419
Bingerbrück
Nahe
Bingen
Weiler
L 214
L 417
1 km

m
P5: Zauberhöhle
P6: Bergstation
Sesselbahn
P2: Tempel
P3: Niederwalddenkmal
P1: Abtei St. Hildegard
P4: Rossel
P7: Assmannshausen
km   1   2   3   4   5   6   7   8   8,7
55' 1h   1h50' 2h10' 2h30'   3h

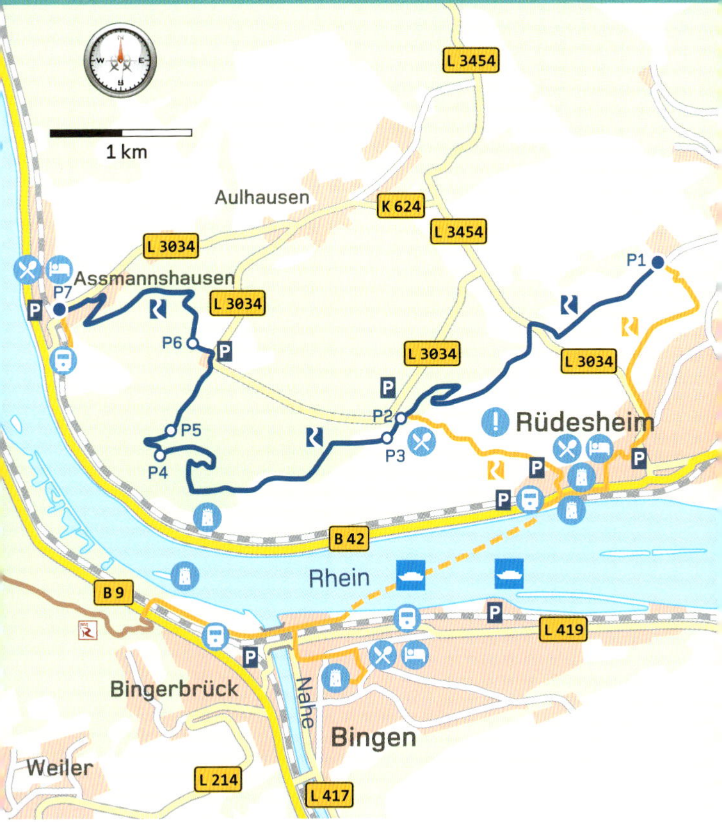

Zum Abschied trumpft der Rheingau noch einmal mit Kultur und Historie auf! Höhepunkt der heutigen Kurzetappe ist das Niederwalddenkmal mit seinem grandiosen Panoramablick auf Rhein und Nahe. Wir wandern durch Niederwald vorbei an Rossel, Rittersaal und Zauberhöhle, bevor der Abstieg ins Rotweindorf Assmannshausen und unser Eintritt ins Welterbe Oberes Mittelrheintal folgt.

Von Rüdesheim aus führen viele Wege zur Germania, wie das Niederwalddenkmal auch genannt wird. Wir wollen aber keinen Meter Rheinsteig verpassen und steigen daher über die Weinbergswege wieder hinauf zur Abtei St. Hildegard (1), wo wir die Spur des Rheinsteigs erneut aufnehmen. Alternativ gelangt man über den Brahmsweg zum Rebenhaus (Einkehrgelegenheit) und weiter zum Denkmal. Oder man fährt bequem mit der Kabinenbahn (❶ S. 30). Wer einen Umweg nicht scheut, der kann auch über einen der vielen ausgebauten Weinbergswege mit toller Sicht ins Rheintal der Ruine Ehrenburg einen Besuch abstatten. Von dort steigt man auf meist befestigtem Grund hinauf Richtung Niederwalddenkmal und trifft am Waldrand auf den Rheinsteig.

Wir knüpfen aber nahtlos an die vorherige Tour an und wandern auf dem Rheinsteig ab der Klosterkirche am oberen Rand der Weinberge entlang nach Westen. Ein atemberaubend schönes Panorama erfreut uns, und wir verweilen oft kurz und saugen die Szenerie auf. Bald führt uns der Weg von den Weinbergen ins Buschland bergan durch Hecken und Niederwald mit Krüppeleichen zur Bergstation der Kabinenbahn. Kurz bevor wir dort eintreffen, passieren wir den Tempel (2), einen von Säulen getragenen Rundbau

mit herrlichem Rheintalblick. Nur
wenige Meter später stehen wir nach
3.1 km dann auf der großen Terrasse
des Niederwalddenkmals (3), das an
den Frankreich-Feldzug von 1870/71
erinnert. An klaren Tagen besticht die
Aussicht von der Terrasse: Im Vordergrund der Rhein mit Rüdesheim und
Bingen mit der Nahemündung. Doch
noch viel weiter schweift unser Blick
bis zum Donnersberg und der Pfalz. Es
fällt wirklich schwer, sich loszureißen,
doch auch der weitere Wegverlauf
durch den Niederwald verspricht viele
Höhepunkte.

Zunächst passieren wir die besonders
für Familien attraktive Adlerwarte am
Niederwalddenkmal. Danach umfängt
uns der Wald, und auf dem breiten
Waldweg lässt es sich vorzüglich vor-
wärtskommen. Am Wegesrand vermitteln Informationstafeln immer wieder
Interessantes zu Themen aus Natur und
Wald, zahlreiche Bänke laden zur Rast
ein. Bald biegt der Rheinsteig links
abwärts auf einen Waldweg und führt
uns zum Rand der Weinberge. Von
dort genießen wir den Ausblick auf das
Rhein- und das Nahetal, bevor es durch
lichten Wald wieder bergan geht.

Wir wandern weiter, der Touristenrum-
mel um das Niederwalddenkmal verläuft sich allmählich, und die Wanderer
haben den Wald bald wieder für sich.
Nach insgesamt 5.5 km erreichen wir
einen gemauerten Turm. Wir befinden
uns hier an der Rossel (4), einem 1744
als künstliche Ruine erbauten Aussichtsplatz, der auch heute noch einen
prima Ausblick garantiert. Etwas unterhalb lohnt es unbedingt, den Abstecher
zu den Fundamenten des Rittersaals zu
machen, kann man doch von hier aus

nicht nur rheinauf-, sondern auch rhein-
abwärts schauen. Auch der Mäuscturm
im Rhein zeigt sich, und jetzt wird klar,
dass der Rheingau endgültig hinter uns
liegt: Wir stehen am Tor zum Welterbe
Oberes Mittelrheintal.

Doch zuvor wird es magisch, denn nach
6.1 km sind wir an der Zauberhöhle
(5) angelangt, die Graf Ostein im 18.
Jahrhundert zur Belustigung seiner Gäste
erbauen ließ. Die Wände des Gangs sind
mit Glitzersteinen besetzt, was im Halb-
dunkel zusätzliche Höhlenstimmung
aufkommen lässt. Beim Verlassen des
Tunnels und Betreten der Hütte blickt
man durch eine Schneise direkt ins
Rheintal, das nach dem dunklen Gang
nun in hellstem Licht wie verzaubert
erstrahlt.

Durch den hohen Mischwald laufen wir
weiter zum Jagdschloss Niederwald.
Nach 6.9 km biegen wir an einem
Wildgehege (mit Futterautomat) zur
Bergstation (6) des Sessellifts nach

Assmannshausen ab, wählen aber
den Fußweg abwärts. In Serpentinen
geht es durch den Steilhang, bis wir
an der Talstation auf die Liftbenutzer
treffen. Nun befinden wir uns bereits
mitten in dem mit wunderschönen
Fachwerkhäusern bestandenen Zentrum
von Assmannshausen (7). Hier in dem
alten, vor allem für seine vorzüglichen
Rotweine bekannten Weinort beziehen
wir nach dieser **8.7 km** kurzen, aber
sehr eindrucksvollen Rheinsteigetappe
Quartier.

Rossel.

Tourist-Info Rüdesheim, Rheinstraße 29a, 65385 Rüdesheim
06722/906150

Rebenhaus, Am Niederwald 2, 65385
Rüdesheim 06722/48358 ▶ 0.2 km
■ Bollesje Das Gefängnis Restaurant,
Oberstraße 32, 65385 Rüdesheim
06722/47552 ▶ 1.2 km

Hotel Lindenwirt, Amselstr. 4, 65385
Rüdesheim 06722/9130 ▶ 0.4 km
■ Historisches Altes Haus, Lorcher Str. 8,
65385 Assmannshausen 06722/40350
▶ 0.1 km

Rüdesheim und Assmannshausen
sind sehr gut mit der Bahn erreichbar.
www.mitrtv.de

Taxi Weldemann 06722/3300

Von Ende März bis Ende Oktober
bietet sich die Fahrt mit einer oder
sogar zwei Seilbahnen an (es gibt für
solche Touren auch Kombitickets). Von
Rüdesheim geht es per Seilbahn zum
Niederwalddenkmal. Danach wandert
man durch den Niederwald zum Jagdschloss und schwebt per Sessellift nach
Assmannshausen. 06722/2402

Eine prima Gelegenheit, verschiedenste
Greifvögel und Eulen aus der Nähe zu
betrachten, bietet die Adlerwarte direkt
neben dem Niederwalddenkmal und dem
Rheinsteig. 06722/47339

Ruine Ehrenfels

Am Tor zum Welterbe

Um 1210 ließ der Mainzer Erzbischof Burg Ehrenfels zur Sicherung des Rheingaus, der damals zu Mainz gehörte, erbauen. Im 14. Jahrhundert diente sie als Zolleinnahmestelle (in Verbindung mit dem Mäuseturm). In den Wirren des Pfälzischen Erbfolgekriegs wurde die Ehrenfels 1689 größtenteils zerstört. Zur weiteren Demontage der Außenanlagen kam es, als später die Weinterrassen angelegt wurden.

Heute ist die Ruine Ehrenfels mit ihrer exponierten Lage in den Weinbergen einer der Höhepunkte unter den eindrucksvollen Mittelalterburgen im UNESCO-Weltkulturerbe Oberes Mittelrheintal.

HIMMLISCH HÖLLISCH

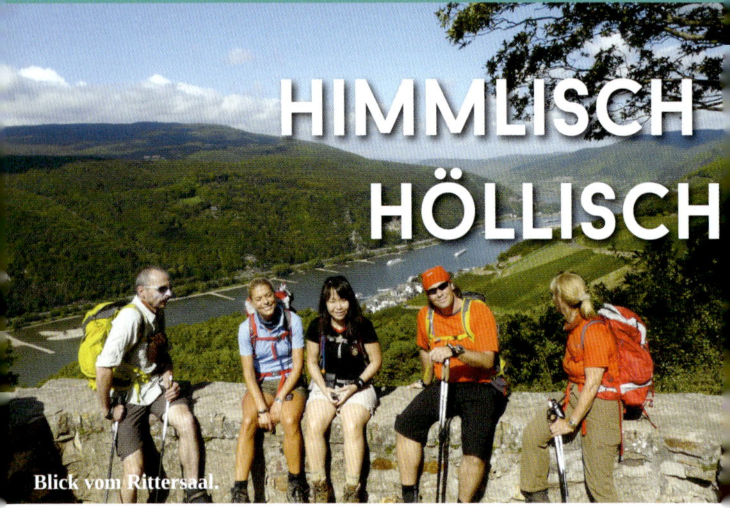

Blick vom Rittersaal.

- **Start:** Assmannshausen
- **Ziel:** Lorch
- **Gesamtlänge:** 14.6 km
- **Gesamtzeit:** 4 Std. 30 Min.
- **Anspruch:**
- **Kalorien:** ♀ 1052 ♂ 1234
- **Tour Download:** EX5T21PR

- **Anfahrt und Rückfahrt:** Assmannshausen und Lorch sind beide gut durch das Rheintal über die B 42 und mit der Bahn zu erreichen. In Lorch gibt es eine Autofähre nach Niederheimbach.

- **Parken:**
- Assmannshausen
  N49° 59' 14.5" • E7° 51' 59.2"
- Bechergrund
  N50° 02' 15.1" • E7° 50' 04.8"
- Lorch
  N50° 02' 35.3" • E7° 48' 09.0"

- **Wegpunkte:**
  P1: Assmannshausen
  32 U 418794 5537949
  P2: Pavillon
  32 U 418945 5538626
  P3: Paul Claus Hütte
  32 U 418460 5540791
  P4: Bodenbachtal
  32 U 418665 5541598
  P5: Georgs Ruh
  32 U 417558 5541384
  P6: Rastplatz & Lorchblick
  32 U 415298 5543864
  P7: Lorch Marktplatz
  32 U 414357 5544218

scan *to* **go**

QR-Code aus der App „traumtouren" einscannen und Route anzeigen lassen.

Lorch
Rhein-
diebach
Nieder-
heimbach
K 28
B 9
B 42
Rhein
P7
P6
P5
P4
P3
P2
P1
Trechtingshausen
B 42
B 9
Assmanns-
hausen
K 29
1 km
W E
P3: Paul Claus Hütte
P4: Bodenbachtal
P5: Georgs Ruh
P7: Lorch Marktplatz
P6: Rastplatz & Lorchblick
P2: Pavillon
P1: Assmannshausen
m
km 1 2 3 4 5 6 7 8 9 10 11 12 13 14 14,6
30' 1h30' 2h' 2h30' 4h' 4h30'

Teuflisch schön und himmlisch urwüchsig: Abwechslungsreich führt uns der Rheinsteig zum Wohnsitz des Teufels, durch einen Urwald und durch einen kuriosen Freistaat.

Vom historischen Zentrum in Assmannshausen (1) starten wir zur Rheinsteig-Tour nach Lorch. Die Alte Bauernschänke bleibt rechter Hand liegen, wenn wir den Weinort hinter uns lassen und über Treppen und Wirtschaftswege in die Weinberge am Höllenberg gelangen. Kunstvolle Schiefertrockenmauern, die seit Jahrhunderten Haltung bewahren, säumen den Wegesrand. Besonders im Frühjahr ist die von blühenden Schlehenhecken durchsetzte Weinlandschaft ein echter Augenschmaus. Mitten in den Weinbergen erreichen wir nach 1.7 km einen luftigen Pavillon (2), von dem wir eine herrlichen Blick zum Rhein genießen. Doch die Kulturlandschaft tritt zusehends zurück, wie uns lange aufgelassene Weinberge, die von Brombeeren und Hecken überwuchert werden, verdeutlichen. Grandios ist zugleich der Ausblick, den wir, stetig bergan wandernd, genießen dürfen. Schließlich löst Niederwald die bisherige Vegetation ab. Unvermittelt geht unser bis dato breiter Weg in einen Felsenpfad über, der uns über Wurzeln und kleine Klippen führt. Der lichte, meist aus Krüppeleichen bestehende Wald ist übersät mit Felsbrocken, was erhöhte Aufmerksamkeit beim Gehen erfordert. Trotzdem kommt ein echtes Hochgefühl auf, denn auf solch einem wunderbaren Pfad hoch über dem Rheintal zu wandern, wirkt sehr belebend. Dann trifft unser Pfad im mittlerweile etwas höher gewordenen Wald auf einen Querweg: Wir haben nach insgesamt 2.9 km den Panoramaweg erreicht. Gemeinsam mit diesen beiden schwenken wir nach links und bekommen 350 m später an einer

Assmannshausen.

Aussicht bei Paul Claus Hütte.

34

Bank mit bester Aussicht Gelegenheit zum Verschnaufen. Auf weichem Naturweg wandern wir an der alten Halde einer Eisengrube vorbei Richtung Speisbachtal. Nach der Querung wird es kurzzeitig mal wieder anstrengend. Ein steiler Anstieg bringt uns zum Abzweig Teufelskadrich (🧭 S. 36). Wir streben weiter, passieren einen aufgelassenen Steinbruch und treffen nach 4.6 km an der nächsten Rastmöglichkeit, der Paul Claus Hütte (3), ein. Wenige Meter neben der Schutzhütte bietet sich ein toller Blick auf den Rhein, auf Trechtingshausen mit seinem großen Quarzitsteinbruch und die Burgen Sooneck und Reichenstein.

Im weiteren Verlauf wandern wir durch die urwüchsige Natur des Naturschutzgebiets Teufelskadrich. Schroffe Gesteinshalden, urig wachsende Eichen und Buchen, Totholz und neu wucherndes Unterholz bilden die Kulisse des Rheinsteigs, der hier am Rande eines Bannwalds verläuft. Das bedeutet, dass der Mensch nicht in die Natur eingreift, um die Neubildung eines Urwaldes zu begünstigen. Das alles dürfen wir auf dem engen, bald recht steil abwärts führenden Felspfad erleben.

Endlich flacht der Weg ab, und wir haben das Bodenbachtal erreicht. Auf breitem Weg entfernen wir uns zusehends vom Rhein. Dankbar registrieren wir das Verstummen der Züge im Tal. Am Scheitelpunkt des Bachtals erwartet uns nach 6.7 km ein kleiner Teich nebst Hütte (4). Im Frühsommer lassen sich hier Kaulquappen und andere Wassertiere beobachten. Zurück aus der Stille des Bodenbachtals, treffen wir an der Rheinkante auf einen Rheinsteig-Zugangsweg, der vom Campingplatz

Georgs Ruh.

Suleika heraufkommt, wo uns Gelegenheit zur Einkehr geboten wird.

Doch kaum haben wir wieder offenen Blick über den Rhein, ergibt sich an Georgs Ruh ein Vesperplatz der Extraklasse, Dreiburgenblick (5) inklusive! Bei gemütlicher Rast nach 7.9 km hat man die Burgen Rheinstein, Reichenstein und Sooneck fest im Blick. Gestärkt nehmen wir den letzten Abschnitt der heutigen Tour in Angriff. Auf breitem Weg wandern wir zunächst ohne große Höhendifferenz an einem alten Steinbruch vorüber. Dann zweigt der Hessenweg 7 nach links ab, während wir mit dem Rheinsteig tiefer in das Bächertal laufen.

Burg Rheinstein.

Vorbei an einigen Gartengrundstücken geht es bergan, bis wir schließlich das Tal queren und durch eine bunt gemischte Landschaft aus Hecken, Buschwerk und brach liegenden Weinbergen zurück in den kultivierten Bereich aktiven Weinbaus kommen. Hier bietet nach **13 km** ein Rastplatz einen grandiosen Rheintalblick. Der begleitet uns auch weiterhin, während wir uns mitten durchs Rebenmeer Lorch nähern.

Am Friedhof erreichen wir Lorch, steigen über steile Kurven ins Zentrum ab und beenden nach **14.6 km** an der St. Martins Kirche (7), die mit einem wundervollen Holzaltar aus dem 15. Jahrhundert aufwartet, diese Rheinsteigetappe.

ⓘ Tourist-Info Lorch, Markt 5, 65391 Lorch ☎ 06726/1815

🍴 Gutsschänke Weinpavillon Ottes, Binger Weg 1a, 65391 Lorch ☎ 06726/830083 ▷ 0.7 km
▪ Weingut Friedrich Altenkirch, Binger Weg 2, 65391 Lorch ☎ 06726/830012 ▷ 0.7 km
▪ Weinhaus Freistaat Flaschenhals, Im Bodenthal 2 ☎ 06726/9464 ▷ 0.7 km

🛏 Gästehaus Weingut Rößler, Rheinstr. 20, 65391 Lorch ☎ 06726/1658 ▷ 0.5 km
▪ Alte Bauernschänke, Niederwaldstr. 23, 65385 Assmannshausen ☎ 06722/49990 ▷ 0 km
▪ Naturpark-Camping Suleika Im Bodenthal, 65391 Lorch am Rhein ☎ 06726/9464

🚆 Assmannshausen und Lorch sind gut mit der Bahn erreichbar. 🕓 www.mitrtv.de

🚕 Taxi Bob ☎ 06722/99000

❗ Historisch geht der Freistaat Flaschenhals auf die zwischen 1919 und 1923 entstandene Grauzone zwischen den Besatzungszonen der Alliierten zurück. Die Amerikaner zogen von Koblenz aus einen Kreis, die Franzosen von Mainz aus. Dazwischen blieb unbesetztes, aber isoliertes Gebiet in Form eines Flaschenhalses übrig.

🙂 Ein lohnender Abstecher ist der Aufstieg zum Ausblick auf dem Teufelskadrich, wo (so glaubte man im Mittelalter) der Teufel wohnt und Besucher mit Steinen bewirft! Tatsächlich ist der Berg übersät mit Steinbrocken.

Burg Sooneck

Wo einst Raubritter hausten

Von der Paul Claus Hütte hat man sie gut im Blick, die linksrheinische Burg Sooneck, eine der Raubritterburgen in der Nähe von Trechtingshausen! Die Burg wurde im 12. Jahrhundert erbaut und mit Vögten aus dem Hause von Bolanden besetzt.

Ebenso wie auf Burg Reichenstein kam es zu massivem Raubrittertum, was den Rheinischen Städtebund 1254 und König Rudolf 1282 zur Zerstörung der Burganlage veranlasste. Erst 1344 wurde die Burg wieder aufgebaut. 1689 kam es im Pfälzischen Erbfolgekrieg zur Sprengung der Burg. Im 19. Jahrhundert nahm der Hohenzollern-Kronprinz Friedrich Wilhelm den Wiederaufbau in Angriff.

IMMER WIEDER AUF UND NIEDER

Burg Gutenfels bei Kaub.

- **Start:** Lorch
- **Ziel:** Dörscheid
- **Gesamtlänge:** 17.4 km
- **Gesamtzeit:** 5 Std. 25 Min.
- **Anspruch:**
- **Kalorien:** ♀ 1346 ♂ 1579
- **Tour Download:** EX6T2XPR

- **Anfahrt:** Durch das Rheintal gelangt man auf der B 42 nach Lorch. In Lorch und in Kaub gibt es jeweils eine Fähre.

- **Rückfahrt:** Dörscheid ist von Kaub aus über die L 339 und die K 100 zu erreichen.

- **Parken:**
- Lorch N50° 02' 35.3" • E7° 48' 09.0"
- Kaub N50° 05' 09.1" • E7° 45' 52.5"
- Dörscheid N50° 06' 20.4" • E7° 45' 42.9"

- **Wegpunkte:**
  P1: Lorch Marktplatz
      32 U 414357 5544218
  P2: Ruine Nollig
      32 U 414062 5544551
  P3: Aussicht Wirbeley
      32 U 412561 5545925
  P4: Grenzvogt
      32 U 413237 5547016
  P5: Pfalzgrafenstein-Hütte
      32 U 412655 5548540
  P6: Abzweig Burg Gutenfels
      32 U 411832 5549022
  P7: Kaub
      32 U 411578 5549002
  P8: Dörscheid
      32 U 411126 5550971

scan to go

QR-Code aus der App „traumtouren" einscannen und Route anzeigen lassen.

Dörscheid
P8
K 99
K 100
L 339
B 42
B 9
1 km
Kaub
P6
P7
P5
Sauerthal
K 101
K 89
Langscheid
K 623
K 88
Hensch-
hausen
K 21
P4
L 3397
Bacharach
B 42
P3
Ranselberg
L 224
Steeg
K 24
Lorch-
hausen
Lorch
L 3033
Wisper
Neurath
K 25
P2
B 9
P1
Rhein
Medenscheid
P
Rheindiebach

600
500
400
300
200
100
m
P5: Pfalzgrafenstein-Hütte
P4: Grenzvogt
P8: Dörscheid
P3: Aussicht Wirbeley
P7: Kaub
P2: Ruine Nollig
P1: Lorch Marktplatz
P6: Abzweig Burg Gutenfels
km   1   2   3   4   5   6   7   8   9   10   11   12   13   14   15   16   17,2
30'   1h30'   2h5'   3h20'   3h55'   4h20'   5h20'

Wir verlassen das Zentrum von Lorch
(1), queren mit der Nepomukbrücke die
Wisper und machen uns von der Weisel-
bergstraße aus an den Aufstieg zur Ruine
Nollig. Steil führt der Weg, der sich bald
zum Pfad verjüngt, durch dichte Hecken
und Büsche bergauf. Doch mit unseren
noch frischen Kräften bewältigen wir
diese ersten Höhenmeter problemlos und
genießen nach 1.3 km den sagenhaft
schönen Ausblick von der Ruine Nollig
(2). Dieser Turm war im Mittelalter ein
wichtiger Teil der Stadtbefestigung und
bestand ursprünglich aus Holz. Erst später wurde die Steinverkleidung ergänzt.

Wir wenden uns wieder dem Rheinsteig zu, der uns über ein Wildgatter
aufs Neue in eine Weinbergszone führt.
Solche Gatter sind hier notwendig, da
die gefräßigen Wildschweine sich sonst
an den Trauben schadlos halten und für
große Ertragseinbußen bei den Winzern
sorgen würden.

Während wir durch die Weinberge
laufen, schweift unser Blick zum linken
Rheinufer hinüber, von wo uns die Burgen Heimbach und Fürstenberg grüßen.
Unmittelbar wird uns dann das Problem
der Verbuschung aufgegebener Rebflä-
chen vor Augen geführt. In begrenzten
Arealen werden mittlerweile Ziegen zur
Offenhaltung solcher Bereiche eingesetzt
(siehe NaturTOUREN Rheinsteig, Ein
schöner Tag). Nächste Zwischenstation
ist die Clemenskapelle, die sich hoch

über dem im Retzbachtal eingezwäng-
ten Lorchhausen am Hang erhebt. Auf
unserem Weg ins Tal passieren wir die
1909 erbaute Kirche.

Nach Querung des Retzbachs endet der
Teerweg und wir laufen auf angeneh-
mem Naturweg an riesigen Schieferhalden vorbei. Sie zeugen von der ehemals
regen Bergbautätigkeit in der Region.
Schon an der nächsten Biegung erwartet
uns wieder ein Höhepunkt: An der
Wirbeley (3) laden nach 4.9 km nicht
nur eine Bank und ein Gedenkstein zum
Verweilen ein, – uns überwältigt die
schöne Aussicht auf Bacharach!

Aussicht Wirbeley

Im weiteren Verlauf verdrängen Hecken (im Frühjahr herrlich blühend!) – später niedriger Laubwald – die offene Landschaft der Weinberge. Unser Weg senkt sich zum Obertal, wo wir weitere Schieferhalden passieren, etwas ab. Auf dem Weg ins Niedertal geht es ebenfalls zunächst abwärts durch den von Eichen dominierten Niederwald. Schließlich treffen wir auf einen Bachlauf, dem wir nun bergan bis zum Grenzvogt (4) folgen. Hier überschreiten wir nach insgesamt 6.6 km nicht nur eine historische Grenze (Churpfalz mit Churmainz), sondern auch die aktuelle Landesgrenze zwischen Hessen und Rheinland-Pfalz. Das erste von drei Bundesländern, die wir auf unserer Rheintour durchwandern, liegt somit hinter uns! Abwechslungsreicher Hochwald und ein sich windender Waldpfad sind die Merkmale der nächsten Kilometer. Unterbrochen wird diese wunderbare Waldpassage von dem tollen Ausblick auf Kaub und die

im Rhein liegende ehemalige Zollburg Pfalzgrafenstein.

Wenig später verlassen wir die Rieslingroute, die auf direktem Weg nach Kaub führt. Wir halten uns hier an der Bank rechts, steigen ziemlich steil bergan und schlagen einen weiten Bogen zum Schenkelbachtal, das sich durch häufige Wechsel von Nadelwald zu hohem Mischwald bis hin zu niedrigem Eichen-Buchen-Trockenwald sehr kurzweilig gestaltet. Wir passieren eine kleine Hütte, an der ein gelb markierter Zugangsweg von Sauerthal her mündet und können uns nach 10.6 km an der Pfalzgrafensteinhütte (5) sogar an zwei schönen Aussichten ins Rheintal erfreuen. Es folgt der Abstieg ins Volkenbachtal, wo wir eine kleine Straße queren und nach den Sportplätzen durch ein wunderbares Naturschutzgebiet zurück in den Weinbergsbereich oberhalb von Kaub gelangen.

An der Burg Gutenfels (6) beginnt der
bald sehr steile Abstieg nach Kaub (7),
das nach **14 km** nicht nur mit seiner
Gastronomie und dem Blücherdenk-
mal lockt. Dennoch wollen wir nach
kurzer Rast noch den Anstieg auf das
Rheinplateau meistern, um die Etappe
in luftiger Höhe zu beenden. Wir laufen
von der Metzgergasse zum Kirchplatz
und mit der Blücherstraße ins Blüchertal,

Fachwerkidyll in Kaub.

wo der letzte anstrengende Tourabschnitt
beginnt. Kaub verabschiedet uns am
Leiterbergerturm in die Weinberge,
durch die wir zunächst noch moderat
auf breiten Wegen laufen. Wir genießen
die herrliche Kulisse von Kaub mit
Burg Gutenfels und der Pfalzgrafenstein
und widmen uns dann dem deutlich
ansteigenden Erdpfad, der durch dichte
Schlehenhecken und an Streuobst vorbei
zum Rheinplateau führt. Noch ganz
betäubt von der urwüchsigen Natur und
den tollen Ausblicken, die uns die letzten
Kilometer offenbart haben, erreichen
wir recht unvermittelt das Rheinplateau
und den Ortsrand von Dörscheid (8).
Nach insgesamt **17.2** anstrengenden **Ki-
lometern** beziehen wir, voll von neuen
Eindrücken, hoch über dem Rhein unser
verdientes Nachtquartier!

Tourist-Info Kaub, Schulstr. 12,
56349 Kaub ☎ 06774/222

Historische Weinstube, Blücherstr. 1, Uff de Bach, 56349 Kaub
☎ 06774/8316 ▶ 0.1 km
■ Hotel zur Traube, Schulstraße 22, 56349
Kaub ☎ 06774/8340 ▶ 0.3 km

Hotel Arnsteiner Hof, Schwalbacher
Str. 8, 65391 Lorch ☎ 06726/9371
▶ 0.3 km
■ Landgasthaus Blücher, Oberstr.19,
56348 Dörscheid ☎ 06774/267 ▶ 0 km
■ Weingut Rößler, Rheinstr. 20, Lorch/
Rheingau ☎ 06726/1658 ▶ 0.4 km
■ Hotel Zum Turm, Zollstr. 50,
56349 Kaub ☎ 06774/92200 ▶ 0 km

Lorch und Kaub sind gut mit der
Bahn erreichbar.
⏱ www.rmv.de

Taxi Sattler ☎ 0171/2768939

Im heute liebevoll ausgestatteten
Blüchermuseum, dem ehemaligen
Hauptquartier Blüchers in den Jahren
1813/14, bereitete der Feldherr wohl auch
den legendären Rheinübergang vor. Ein
Museumsbesuch, der sich bestimmt lohnt!
Infos: ⏱ www.stadt-kaub.de

Trutzige Wächterin im Rhein

Der Bau der Pfalzgrafenstein geht auf die Jahre 1326/27 zurück, in denen es zwischen dem Papst und dem Kaiser (der aus dem Geschlecht der Wittelsbacher Pfalzgrafen stammte) zu ernsten Zollstreitigkeiten kam. Bereits um 1342 wurde der zunächst als Turm gebaute Kontrollpunkt mit einer Mauer umgeben. Im Zusammenspiel mit der Burg Gutenfels diente die Pfalzgrafenstein immer als Zollstation (eine von 12 zwischen Köln und Mainz). Im 17. und 18. Jahrhundert erfolgten einige Umbauten. Heute präsentiert sich die Pfalzgrafenstein (auch kurz Pfalz genannt) wieder mit der barocken rotweißen Fassade. Die Anlage wurde dank ihrer Lage im Fluss nie zerstört. Von Kaub aus verkehrt regelmäßig eine Personenfähre zur Insel.

IM CANYON DER ROMANTIK

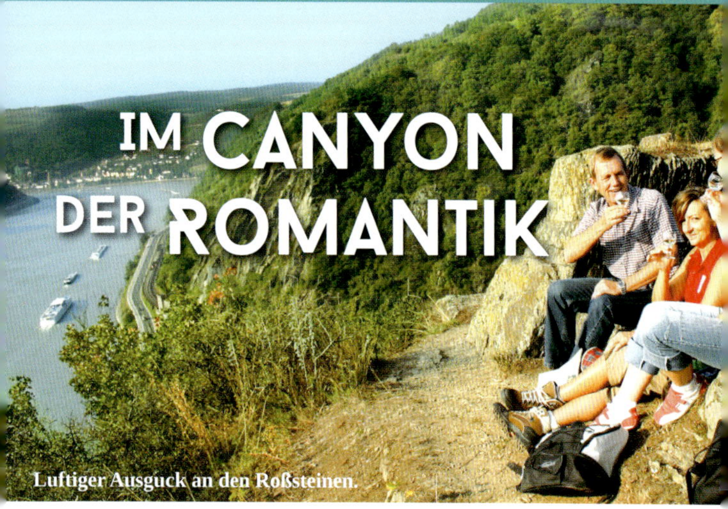

Luftiger Ausguck an den Roßsteinen.

- **Start:** Dörscheid
- **Ziel:** St. Goarshausen
- **Gesamtlänge:** 19.2 km
- **Gesamtzeit:** 6 Std. 20 Min.
- **Anspruch:**
- **Kalorien:** ♀ 1388 ♂ 1630
- **Tour Download:** EX7T19PR

- **Anfahrt:** Durch das Rheintal gelangt man auf der B 42 nach Kaub und von dort über die L 339 und die K 100 nach Dörscheid. In Kaub und St. Goarshausen gibt es jeweils eine Fähre.

- **Rückfahrt:** St. Goarshausen ist über die B 42 zu erreichen.

scan to go

QR-Code aus der App „traumtouren" einscannen und Route anzeigen lassen.

- **Parken:**
- Dörscheid
  N50° 06' 20.4" • E7° 45' 42.9"
- Loreley
  N50° 08' 30.2" • E7° 44' 00.5"
- Patersberg
  N50° 09' 21.8" • E7° 43' 14.3"
- St. Goarshausen
  N50° 09' 23.0" • E7° 42' 42.9"

- **Wegpunkte:**
  - **P1:** Dörscheid 32 U 411126 5550971
  - **P2:** Roßsteine 32 U 409150 5552038
  - **P3:** Alte Burg 32 U 409569 5552718
  - **P4:** Waldschule 32 U 409750 5552973
  - **P5:** Spitznack 32 U 410074 5554222
  - **P6:** Loreley 32 U 409198 5554915
  - **P7:** Burg Katz 32 U 408876 5556358
  - **P8:** St. Goarshausen
    32 U 408693 5556347
  - **P9:** Dreiburgenblick
    32 U 408581 5556674
  - **P10:** Abzweig Bahnhof
    32 U 408127 5556812

Werlau
St. Goarshausen
P10
P9
K 88
Patersberg
Reichenberg
St. Goar
Biebernheim
P8
P7
B 42
K 100
An der Loreley
K 89
K 95
P6
L 338
B 9
Urbar
P5
Bornich
Umbauarbeiten am
Loreleyplateau! Rheinsteig
wird umgeleitet. Bitte Aus-
schilderung beachten
www.rheinsteig.de
K 95
P4
Niederburg
B 9
P3
K 93 K 95
P2
Dörscheid
Oberwesel
B 42
K 99
K 92
P1
K 100
Rhein
1 km

350
P2: Roßsteine
P10: Abzweig Bahnhof
300
P3: Alte Burg
P6: Loreley
P9: Dreiburgenblick
250
P1: Dörscheid
200
P5: Spitznack
150
P7: Burg Katz
100
P4: Waldschule
m
P8: St. Goarshausen
km 1 2 3 4 5 6 7 8 9 10 11 12 13 14 15 16 17 18 18,7
1h 1h30' 2h30' 3h30' 4h15' 5h15' 6h 6h15'

45

Warum ist es am Rhein so schön? Diese Etappe durch das Herz des Welterbes gibt die Antwort: Verschlungene Pfade führen zu traumhaften Blicken, sagenhaften Burgen und dem wohl bekanntesten Schieferfelsen.

Gemächlich können wir von Dörscheid (1) aus starten, denn wir befinden uns bereits auf dem Rheinplateau, und der erste Anstieg ist noch fern. So frönen wir ganz den herrlichen Wiesen- und Feldwegen, die uns bei toller Fernsicht durch die weite, offene Landschaft führen. Voraus erspähen wir bereits einen hölzernen Pavillon, der uns einen tollen Blick auf die andere Rheinseite gewährt. Von dort grüßt das schmucke Oberwesel mit seiner charakteristischen Stadtmauer. Etwas oberhalb der fast unscheinbaren und dennoch altehrwürdigen Liebfrauenkirche thront wachsam die mächtige Schönburg.

Wir reißen uns vom Ausblick los und setzen unsere Wanderung auf Feld- und Wiesenwegen fort. Gebüsche und kleine Gehölze lockern die Landschaft auf, besonders im Frühjahr sind hier die blühenden Hecken eine Augenweide. Nach einigen bestens markierten Richtungswechseln erreichen wir den nächsten Aussichtspavillon auf der Hahnenplatte und genießen erneut die sensationelle Aussicht. Nun wird es alpin! Auf engem Pfad, der bald über felsigen Untergrund führt, geht es nach **3 km** – bestens durch Seile gesichert – steil abwärts zu den Roßsteinen (2). Wenig später stehen wir auf den exponierten Felsen und sind vom tief unter uns durchrauschenden Rhein völlig in den Bann geschlagen! Es gibt nur wenige vergleichbare Stellen, an denen Kraft und Urgewalt von Vater Rhein so deutlich werden und die Mühen der tuckernd bergwärts fahren-

den Lastkähne so sehr nachvollziehbar sind. Nach diesem spektakulären Halt folgen wir dem Pfad in niedrigen Laubmischwald und gewinnen wieder etwas an Höhe. Bald wird der Niederwald von höheren Buchen und Eichen abgelöst, und der Weg verbreitert sich. Leicht auf und ab gelangen wir nach **4.3 km** zum nächsten Sporn über dem Rhein, zur Alten Burg (3). Heute zeugt um den Rastplatz kaum etwas von deren Vergangenheit. Dennoch verbirgt sich hinter dem unscheinbaren Erdwall eine ehemalige, mittelalterliche Befestigungsanlage. Nun ruft das Urbachtal! Der Abstieg gestaltet sich moderat, auf meist breiten Wegen streben wir in Serpentinen dem Talgrund zu. Nach

insgesamt 6 km haben wir die Talsohle erreicht und den kleinen Bach überwunden. Ein wunderbarer Pfad, teils mit Holzknüppelstufen verstärkt, führt uns merklich bergauf.

Nach etwa 350 m biegt der Rheinsteig scharf nach links auf einen sehr steilen Pfad ab. Vorüber an alten Terrassen, die von der früheren landwirtschaftlichen Nutzung zeugen, kämpfen wir uns bergan und erfahren am eigenen Leib, wie anstrengend die Hanglagen des Rheintals sein können. An den Dachsgruben haben wir es dann geschafft und die Hangkante erreicht. Ein Waldweg bringt uns nach 7.1 km leicht abwärts durch den lichten Mischwald zum Pavillon Waldschule (4), den wir bereits von der Alten Burg aus gesehen haben.

Ab hier durchläuft der Rheinsteig sehr kurzweilig verschiedene Waldzonen, bis er schließlich den Bornichbach quert. An einer Weggabelung mit zahlreichen Wegweisern schwenken wir auf offenes Wiesenterrain. Wunderbar vielfältig präsentiert sich die Natur, mit tollen Wiesen (im Sommer), Gehölzen und überraschenden Aussichten. Vorbei an den Gebäuden des Hofs Leiselfeld nähern wir uns der Hangkante, wo einige spektakuläre Ausblicke auf uns warten. Besonders begeistert uns nach 10.6 km der Spitznack (5), eine mächtige Felsgruppe mit sagenhafter Aussicht auf den Rhein und die Loreley. Nur noch 2.3 km auf einem Weinlehrpfad – und wir stehen mit eigenen Füßen auf dem berühmtesten Felsen am Rhein, der Loreley (6)! Auch wenn sich die schöne Blonde nicht immer blicken lässt, gibt es hier genug zu sehen, um länger zu verweilen (S. 48).

St. Goarshausen.

Vorbei an der Sommerrodelbahn setzen wir die Wanderung zum Waldrand und durch den Ortsteil Heide fort. Dann beginnt der steile Abstieg nach St. Goarshausen, der uns auch an den Toren der unzugänglichen Burg Katz (7) vorbeiführt. Nach 15.8 km treffen wir unten im Tal in St. Goarshausen (8) ein. Doch sind wir nicht am Ziel, denn als letzter Tageshöhepunkt steht noch der Dreiburgenblick aus. Leider müssen wir dafür nochmals das Rheinplateau erobern. Auf tollem, mit Trockenmauern gesäumtem Pfad nehmen wir den letzten Tagesanstieg hinauf ins Weindorf Patersberg in Angriff. Oben angelangt, wenden wir uns zum Rhein, genießen an den letzten Häusern einen unglaublich schönen Blick auf die Burg Katz und treffen am wenig unterhalb gelegenen Pavillon, dem Dreiburgenblick (9), ein.

Dreiburgenblick.

Tief durchatmen! Welch grandioser Ausblick auf die Burgen Katz, Maus und Rheinfels, auf Loreley und Rhein! Ein wahrhaft krönender Abschluss dieser Etappe! Denn der letzte Abstieg auf Pfaden durch den Laubmischwald hinunter ins Hasenbachtal ist schnell bewältigt. So beenden wir nach insgesamt 18.7 km unweit des Bahnhofs in St. Goarshausen (10) eine der schönsten Rheinsteig-Etappen.

ⓘ Tourist-Info St. Goarshausen, Bahnhofstr. 8, 56346 St. Goarshausen
☏ 06771/910-0

✕ Gasthaus Marktstübchen, Langgasse 25, 56348 Bornich ☏ 06771/7564
■ Gasthaus Rosengarten, Jahnstraße 12, 56348 Bornich ☏ 06771/2624

🛏 Pension Herrmanns-Mühle, Forstbachstr. 45, 56346 St. Goarshausen
☏ 06771/7317 ▷ 0.6 km
■ Rheinsteig-Jugendherberge Zollstraße 46, 56349 Kaub
☏ 06774/9181890
■ Wohnmobilstellplatz Loreley Loreley Besucherzentrum, 56346 St. Goarshausen ☏ 06771/599093
■ Campingplatz Loreleystadt Wellmicher Straße 55, 56346 St. Goarshausen ☏ 06771/2592
■ Loreley-Jugendherberge Familien- und Jugendgästehaus Bismarckweg 17, 56329 St. Goar
☏ 06741/388

🚌 Kaub und St. Goarshausen sind gut mit der Bahn erreichbar.
🕓 www.rmv.de

🚕 Taxi Sattler ☏ 0171/2768939

❗ Auf dem berühmten Felsen, von dem aus die Loreley die Rheinschiffer betört haben soll, locken heute eine Sommerrodelbahn und eine Freilichtbühne. Dort finden zwischen April und September regelmäßig Veranstaltungen statt, die eine breite Palette von Rock bis Klassik abdecken.
🕓 www.loreley-touristik.de
An der Loreley beginnt ebenfalls der Rundwanderweg „Loreley-Extratour". (▶ Buchtipp: Rheinschleifen)

Burg Katz

Rechtsrheinischer Vorposten

1360 gaben die Grafen von Katzenelnbogen den Bau der nach ihnen benannten Burg Katz in Auftrag. Nach Erweiterung der Befestigungsanlagen diente die Burg im 17. und 8. Jahrhundert zur Sicherung von St. Goarshausen und auch als Vorposten der linksrheini-chen Burg Rheinfels. Als diese im Erbfolgekrieg 1692 belagert wurde, trug die Besatzung der Burg Katz zur Abwehr dieses Angriffs bei. 1806 wurde die Burg Katz auf Befehl Napoleons gesprengt. Ende des 19. Jahrhunderts erfolgte ihr Wiederaufbau, wobei der ursprüngliche Charakter allerdings nur ansatzweise nachvollzogen wurde. Heute ist sie im Privatbesitz eines japanischen Geschäftsmanns und nicht zugänglich.

KATZ UND MAUS

Burg Maus.

- **Start:** St. Goarshausen
- **Ziel:** Kestert
- **Gesamtlänge:** 13.1 km
- **Gesamtzeit:** 4 Std.
- **Anspruch:**
- **Kalorien:** ♀ 995 ♂ 1167
- **Tour Download:** EX8T18PR

- **Anfahrt und Rückfahrt:** Durch das Rheintal gelangt man auf der B 42 nach St. Goarshausen und Kestert. In St. Goarshausen gibt es eine Fähre.

- **Parken:**
- St. Goarshausen
  N50° 09' 23.0" • E7° 42' 42.9"
- Rheinsteighütte
  N50° 09' 46.0" • E7° 42' 56.5"
- Schutzhütte
  N50° 10' 45.4" • E7° 41' 13.6"
- Kestert N50° 10' 59.8" • E7° 38' 50.2"

- **Wegpunkte:**
  P1: Abzweig Bahnhof
  32 U 408127 5556812
  P2: Rabenacksteig
  32 U 408129 5557154
  P3: Burg Maus 32 U 406899 5558585
  P4: Wellmich 32 U 406704 5558655
  P5: Schutzhütte 32 U 406278 5559343
  P6: Aussicht Ehrental
  32 U 405378 5558866
  P7: Pulsbachklamm
  32 U 404963 5559208
  P8: Oberkestert 32 U 404443 5559794
  P9: Abzweig Kestert
  32 U 403864 5560196

scanto**go**

QR-Code aus der App „traumtouren" einscannen und Route anzeigen lassen.

Zuweg: 0.3 km
RheinSteig: 12.3 km
Abweg: 0.5 km
Gesamt: 13.1 km
Höchster Punkt: 276 m
Steigung: 546 m
Gefälle: 425 m
Prath
Weyer
P9
L 334
Kestert
P8
Nochern
P7
Hirzenach
P6
Pulsbach
P5
P4
P3
B 42
Rhein
B 9
Zu Fellen
Holzfeld
K 86
P2
Werlau
P1
St. Goars-
hausen
L 213
K 128
St. Goar
Biebernheim
L 206
K 95
K 100
An der Loreley
1 km
P2: Rabenacksteig
P5: Schutzhütte
P8: Oberkestert
P3: Burg Maus
P6: Aussicht Ehrental
P9: Abzweig Kestert
P7: Pulsbachklamm
P1: Abzweig Bahnhof
P4: Wellmich
km   1   2   3   4   5   6   7   8   9   10   11   12,3
20'   1h15' 1h30'   2h   2h25' 2h45'   3h20' 3h45'

Häufige Vegetationswechsel, naturbelassene Pfade und dazu traumhafte Aussichten: Das Ehrental, die Burg Maus, der Bergbaupfad und die Pulsbachklamm lassen die Herzen der Rheinsteiger höher schlagen ...

Wir sollten uns nicht davon täuschen lassen, dass heute nur etwa 13 km vor uns liegen! Der Rheinsteig zeigt auch auf dieser Etappe nach Kestert deutlich, was in ihm steckt. Sofort nach dem Start am Bahnübergang (1) unweit des Friedhofs wird es richtig anstrengend. Wir verlassen das Hasenbachtal, indem wir unmittelbar am Friedhof auf einem alten Felspfad bergan kraxeln. Bei etwa 110 Höhenmetern auf nur 600 m Strecke kommt es uns sehr gelegen, dass die uralten, kunstvollen Trockenmauern ebenso wie die urwüchsige, fast wilde Natur genug Gründe zum Verweilen, Betrachten und Verschnaufen geben.

Auf dem Rheinplateau machen unweit eines Handymasts Tafeln auf eine spannende Attraktion aufmerksam: Hier befindet sich der Einstieg zum Rabenacksteig (2), einem alpinen Kletterpfad, der Nervenkitzel verspricht.
Wir merken uns dieses Abenteuer vor und wandern bei bester Aussicht auf die Umgebung zur nahen Rheinsteighütte. Von hier folgen wir einem Asphaltweg durch die Weinberge bergan, bis wir nach 1.1 km den Abzweig nach Nochern und zur Burg Maus erreichen. Wir halten uns links, denn eine Maus aus Stein und Fels interessiert uns brennend. Bis dorthin dürfen wir aber mal wieder Rheinsteig in Höchstform erleben. Schließlich gelangen wir an den Rand eines ziemlich niedrig gewachsenen, von Eichen dominierten Wäldchens. Ein enger Pfad, der streckenweise fast alpin anmutet, bringt uns

stetig abwärts. Unbedingt lohnend ist auf halber Höhe ein kurzer Abstecher nach links zu einem tollen Ausblick auf die Maus und den Rhein.

Wir folgen dem abschüssigen Pfad in Serpentinen weiter abwärts, erhaschen durch das Laub der Eichen einen kurzen Blick auf die Burg Maus und stehen nach insgesamt 3.9 km vor dem Tor (3). Leider ist die Burg nicht öffentlich zugänglich. Auf dem breiten Zufahrtsweg gelangen wir hinunter ins Tal, wo

es ein kurzes Stück auf der Landstraße nach links ins Dorf Wellmich zu laufen gilt. Schon kurz nach dem Ortsanfang verweisen uns die Rheinsteig-Logos rechts über den Wellmicher Bach (4) und weiter zum nahen Wald.

Es geht mal wieder aufwärts! Große Informationstafeln machen darauf aufmerksam, dass wir uns hier auch auf dem Bergbaulehrpfad befinden. Weitere Tafeln an markanten Stellen vermitteln viel Wissenswertes rund um die Bergbaugeschichte der Region. So passieren wir beispielsweise einen knapp neben dem Weg im Wald erhaltenen Belüftungsturm, unübersehbarer Beweis für den bis ins 20. Jahrhundert betriebenen Bergbau. Neben Schiefer, der vor allem im Tagebau gewonnen wurde, konnte in einzelnen Vorkommen auch Erz gefördert werden. Da die Verhüttungsanlagen auf der linken Rheinseite standen, wurde unter dem Rhein der Augustastollen gebaut: Bis 1958 wurde so Erz von der rechten auf die linke Flußseite transportiert.

Beeindruckt von der alten Bergbaugeschichte, folgen wir dem zunächst breiten, später engeren Weg in weiten Serpentinen bergan. Schließlich erreichen wir freies Feld und wandern zu einer Weggabelung (5) an einem kleinen Wäldchen. Hier stehen nach **7.1 km** Bänke für eine zünftige Rast am Wegesrand bereit. Der Rheinsteig schwenkt nach links, verliert an Höhe und taucht in den Niederwald ein. Hier erwartet uns auf altem Erzbergbaugelände eine fast heideartige Vegetation, bevor wir auf abschüssigem Pfad weiter Richtung Ehrental laufen. Alte Halden sind noch deutlich zu erkennen, wenn wir an einem Wegweiser rechts abbiegen und wieder

aufwärts steigen. Wenige Höhenmeter später haben wir einen tollen Aussichtsfelsen (6) über Ehrental erreicht. Im weiteren Verlauf hält der Rheinsteig eine tolle Mischung aus brachliegenden Wiesen, Mischwald und Hecken bereit. Durch ein kurzes Stück mit Nadelwald nähern wir uns dem Einstieg ins Tal der Pulsbachklamm. Ein felsiger Pfad (der Rheinsteig macht hier seinem Namen alle Ehre) führt uns nach **9.3 km** zu einem atemberaubenden Ausblick über die Klamm (7): einfach traumhaft!

Wir gelangen über den Pfad tiefer in das Tal und treffen schließlich im Wald auf einen Zugangsweg, der entlang des Pulsbachs vom Rhein heraufkommt. Wir laufen talaufwärts und queren den

Bach. Auf breitem Wirtschaftsweg verlassen wir, leicht ansteigend, den Wald und wandern durch Felder zum nahen Oberkestert (8). Hier geht es nach **11.3 km** rechts zum Ortsende, wo wir links auf einen Feldweg abbiegen. Dieser führt uns durch eine abwechslungsreiche Landschaft zur Zufahrtstraße nach Kestert.

Über eine Naturtreppe mit Sicherung kommen wir auf die Straße, wo wir 50 m unterhalb (gegenüber einem Brunnen) nach **12.3 km** den Zubringer hinab nach Kestert (9), unserem Tagesziel, finden. Tipp: Auf der Straße – nur 250 m bergan – gelangt man zum Rheinburgenblick (Foto unten), es lohnt sich!

Ausblick bei Kestert.

Info Tour 8

i Tourist-Info St. Goarshausen, Bahnhofstr. 8, 56346 St. Goarshausen
📞 06771/910-0

✗ Gasthaus Erholung, Hauptstr. 22, 56357 Nochern 📞 06771/2598
▷ 1.7 km
■ Straußwirtschaft Pohl, Rheinhöhenstr. 1, 56357 Nochern 📞 06771/1467 ▷ 1.3 km

Hotel Goldener Stern, Rheinstr. 38, 56348 Kestert 📞 06773/7102
▷ 0.5 km
■ Hotel Krone, Rheinstr. 37, 56348 Kestert 📞 06773/7142 ▷ 0.6 km
■ Loreley-Jugendherberge Familien- und Jugendgästehaus Bismarckweg 17, 56329 St. Goar
📞 06741/388

St. Goarshausen und Kestert sind gut mit der Bahn erreichbar. 🕐 www.rmv.de

Taxi Sattler 📞 0171/2768939

! In der sehenswerten Altstadt von St. Goarshausen zeigt das Wein- und Heimatmuseum im historischen Stadtturm alte Gläser und Weingerätschaften.
📞 06771/1727

„Glück auf" heißt es im kleinen, aber gut bestückten Bergbaumuseum von Helmut Kaspar in Prath. Durch den einem Schacht nachempfundenen Eingang gelangt man in die Ausstellung, wo glitzernde Mineralien und allerlei Bergbaugerät den Besucher in die Welt des Bergbaus und der Geologie entführen. Führungen nach telefonischer Anmeldung unter 📞 06771/7755 für max. 10 Personen.

Trutziger Trotzbau

Um sich gegen die Grafen von Katzenelnbogen (Burgen Katz und Rheinfels) behaupten zu können, erbaute der Erzbischof von Trier 1356-1388 die Burg Peterseck. Angeblich belegten die Grafen von Katzenelnbogen die im Vergleich zur eigenen Katz kleinere Burg des Bischofs bald darauf mit dem Namen Maus.

Die Maus war auch unter den Namen Deuernburg oder Thurnburg bekannt und zählte aufgrund ihrer Konzeption zu den modernsten Burgen ihrer Zeit. Die Anlage wurde nie zerstört, verfiel aber im 18. Jahrhundert zur Ruine. Mitte des 19. Jahrhunderts wurde sie unter Berücksichtigung der alten Pläne wieder aufgebaut.

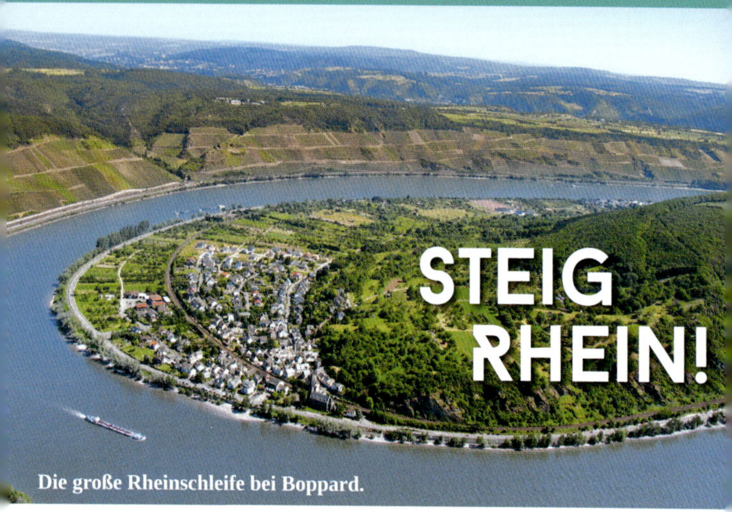

Die große Rheinschleife bei Boppard.

- **Start:** Kestert
- **Ziel:** Filsen
- **Gesamtlänge:** 15.5 km
- **Gesamtzeit:** 4 Std. 40 Min.
- **Anspruch:**
- **Kalorien:** ♀ 1066 ♂ 1251
- **Tour Download:** EX9T17PR

- **Anfahrt und Rückfahrt:** Durch das Rheintal gelangt man auf der B 42 nach Kestert und Filsen. In Filsen gibt es eine Fähre.

- **Parken:**
- Kestert N50° 10' 59.8" • E7° 38' 50.2"
- Kamp-Bornhofen
  N50° 13' 16.4" • E7° 37' 14.3"
- Forststraße Kamp
  N50° 13' 26.8" • E7° 37' 35.9"
- Filsen N50° 14' 13.2" • E7° 35' 00.7"

- **Wegpunkte:**
  - **P1:** Abzweig Kestert
    32 U 403864 5560196
  - **P2:** Hindenburghöhe
    32 U 403881 5561052
  - **P3:** Lykershausen 32 U 404651 5562459
  - **P4:** Burg Liebenstein
    32 U 402688 5563160
  - **P5:** Burg Sterrenberg
    32 U 402522 5563307
  - **P6:** Wilhelmshöhe
    32 U 402618 5563787
  - **P7:** Jakobstempel 32 U 402370 5564316
  - **P8:** Filsener Lay 32 U 401753 5565282
  - **P9:** Kapelle 32 U 399662 5565860
  - **P10:** Filsen 32 U 399118 5566105

scan *to* **go**

QR-Code aus der App „traumtouren" einscannen und Route anzeigen lassen.

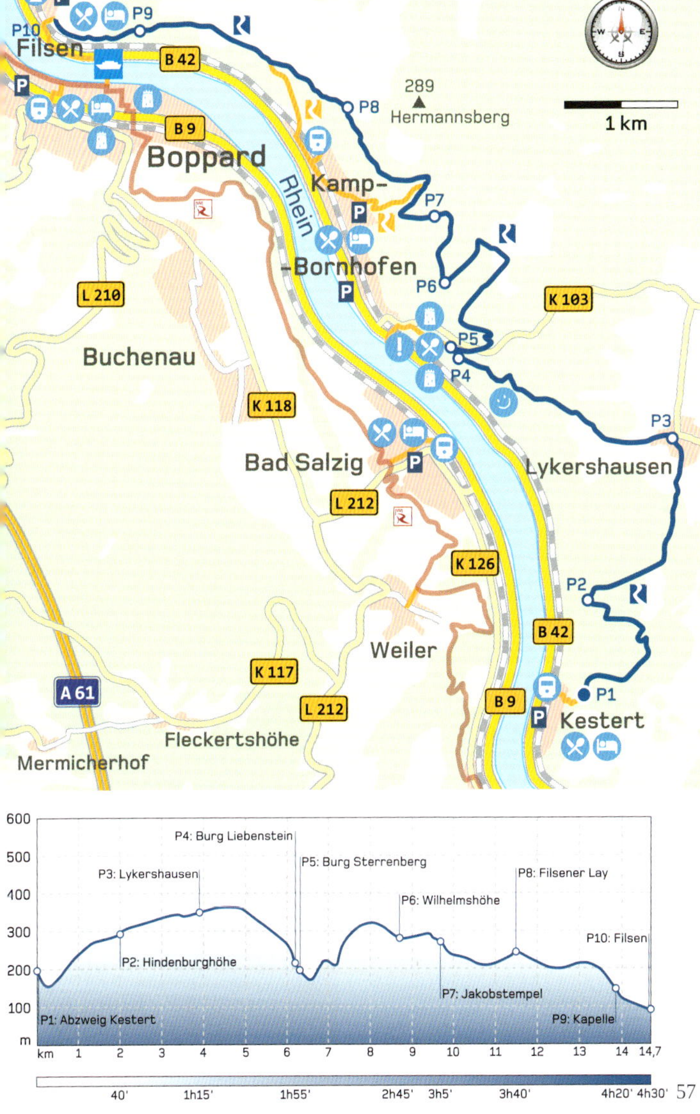
Filsen
P10
P9
Boppard
B 42
B 9
Rhein
Kamp-
-Bornhofen
P8
289
Hermannsberg
P7
P6
P5
P4
P3
Lykershausen
L 210
Buchenau
K 103
K 118
Bad Salzig
L 212
K 126
Weiler
P2
B 42
K 117
L 212
Fleckertshöhe
A 61
B 9
P1
Kestert
Mermicherhof
1 km
600
500
400
300
200
100
m
P4: Burg Liebenstein
P5: Burg Sterrenberg
P3: Lykershausen
P8: Filsener Lay
P6: Wilhelmshöhe
P2: Hindenburghöhe
P10: Filsen
P1: Abzweig Kestert
P7: Jakobstempel
P9: Kapelle
km   1   2   3   4   5   6   7   8   9   10   11   12   13   14   14,7
40'   1h15'   1h55'   2h45'   3h5'   3h40'   4h20' 4h30'

Los geht es in Kestert (1) mit dem schon gewohnten Morgenanstieg. Der Rheinsteigzubringer führt uns zügig zum Hauptweg, der die kleine Zubringerstraße nach Oberkestert in einer engen Kurve verlässt und uns auf breitem Weg in ein enges Bachtal lenkt. Stramm bergan, zunächst noch neben dem Bach, bald im vielfältigen Mischwald, laufen wir mit frischen Kräften bis zur Hangkante. An Motivation mangelt es nicht, kleine Streuobstwiesen unterbrechen die waldigen Partien.

Nach 2 km stehen wir am ersten Aussichtspunkt des Tages, dem Hindenburgblick (2), dessen Fahne und Hütte wir bereits vom Tal aus erspäht haben. Hoch über dem Rhein, umgeben von typischem Krüppelwald und Hecken, schweift unser Blick flussabwärts. In der Ferne bleibt er an den markanten Mauern der „Feindlichen Brüder" hängen. Bald werden wir diese beiden Burgen selbst inspizieren!
Zunächst wenden wir uns den meist naturbelassenen Wegen zu, die uns nun gemächlich ansteigend nach Lykershausen bringen. Saftige Felder umgeben die kleine Gemeinde, deren Ortskern (3) wir nach 3.9 km durchqueren. Anschließend steigen wir zum Waldrand empor. Von dort genießen wir den weiten Ausblick auf das Rheinplateau und schnuppern noch mal so richtig Höhenluft: Denn so hoch hinauf wie hier (365 m über NN) wird uns der Rheinsteig nicht mehr füh-

Tipp: Am Ortseingang von Lykershausen gibt es neben einer Scheune einen Selbst-be-dienungs-Getränkestand mit Kasse.

ren! Wir passieren einen Bildstock und streben wieder leicht abwärts dem vor uns liegenden Wald zu. Dort erwartet uns eine tierische Überraschung. Über ein massives Drehgatter gelangen wir in ein großräumiges Gehege, in dem die weitgehend wilde Haltung von Weidetieren erprobt wird (S. 60).

Im Wald biegen wir links auf einen Pfad ab, der uns nach **5.9 km** zur Aussicht Brömserkopf bringt.

! Der Rheinsteig-Abschnitt zwischen Kestert und den Feindlichen Brüdern ist um eine Attraktion reicher. Der historische Aussichtspunkt „Brömserkopf" wurde wieder zugänglich gemacht und in die Wegeführung integriert. Er bietet einen herrlichen Blick. Der Weg zum Aussichtspunkt erfordert Trittsicherheit. Alternativ können Wanderer den Pfad geradeaus nutzen, der aber leider nicht zum Brömserkopf führt. Sie stoßen automatisch wieder auf den Rheinsteig.

Von hier aus haben wir die beiden Burgen perfekt im Blick, während uns Vater Rhein zu Füßen liegt. Der Pfad bringt uns zurück in den Wald und weiter zum ersten alten Gemäuer, der Burg Liebenstein (4). Der Rheinsteig verläuft mitten durch die Burganlage, von deren Terrasse man einen tollen Blick auf die Burg Sterrenberg, auf den Rhein und das gegenüberliegende Bad Salzig hat. Ein kurzer Abstieg über die Zufahrtsstraße bringt uns an eine Weggabelung: Linker Hand erhebt sich nach **6.3 km** zum Greifen nahe die Burg Sterrenberg (5) mit der markanten Schildmauer. Der Rheinsteig lässt diese zweite Burg unbeachtet links liegen und geleitet uns auf der Burgenzufahrt hinab zur K 103. Nach Querung der Straße heißt es tief durchatmen: Eine zunächst endlos erscheinende Holztreppe muss steil bergan bewältigt werden.

Doch schon bald wechseln wir wieder auf weichen Waldpfad, der, in den Hang gekerbt, weiter an Höhe gewinnt und uns auch zu einem sagenhaft schönen Ausblick auf die beiden Burgen bringt. Am Waldrand wechseln wir auf eine Wiese und gelangen hinauf zu einem Querweg. Wir orientieren uns nach links und zweigen an der Bruno-Löhr-Hütte wieder links ab. Es geht leicht abwärts bis zur Holzhütte der Wilhelmshöhe (6). Obwohl auf einem Felsen im Wald versteckt, gestattet sie uns nach **8.7 km** einen grandiosen Ausblick.

Durch den Wald wandern wir weiter, treffen an einer großen Kreuzung auf die Allee der Bäume des Jahres und steigen zum Jakobstempel (7), einer weiteren Schutzhütte, ab. Noch verlieren wir weiter an Höhe, bis wir auf einen breiten Waldweg stoßen, der uns zum nahen Waldrand an der Hangkante herunterführt. Nun beginnt nach **11.5 km** einer der herausragenden Abschnitte des Rheinsteigs (8): die Passage durch die Filsener Ley! Stets entlang der Hangkante wandeln wir auf engstem Naturpfad durch Wiesen an Hecken vorbei, entdecken seltene Pflanzen und Tiere und genießen Panoramaaussichten vom Feinsten! An einem schön gestalteten Rastplatz bei einem Handymast trifft von Kamp-Bornhofen der mit einem Salamander markierte Naturlehrpfad auf den Rheinsteig.

Gemeinsam führen die Wege nach **13.6 km** zur Filsener Hütte. Noch ganz verzaubert von der urwüchsigen Passage, genießen wir von hier den sagenhaften Ausblick auf Boppard. Danach geht es durch den Krüppeleichenwald zunehmend steiler abwärts. Vor dem letzten Steilstück halten wir nach **13.9 km** an der Marienkapelle (9) kurz inne. Auf dem pfadigen Abstieg über die Felsstufen, am weithin sichtbaren Holzkreuz, sind Aufmerksamkeit und Trittsicherheit gefordert, besonders bei feuchter Witterung. Doch wir meistern, bei klarer Fernsicht auf die Rheinschleife bis Osterspai, auch diesen Abstieg. Noch ein kurzer Abschnitt durch verwildertes Brachland, dann eine Holztreppenpassage und schon befinden wir uns auf schmalem Pfad entlang von Gärten im Zieleinlauf. Links grüßt das alte Torhaus und lädt nach insgesamt **14.7 km** zur wohlverdienten Einkehr in Filsen **(10)**.

Info 🥾 Tour 9

ⓘ Tourist-Info St. Goarshausen, Bahnhofstr. 8, 56346 St. Goarshausen
☎ 06771/910-0

🍴 Burg Liebenstein, Kamp-Bornhofen
☎ 06773/251 ▷ 0.1 km
■ Burg Sterrenberg, 56431 Kamp-Bornhofen ☎ 06773/323 ▷ 0.2 km

🛏 Hotel Krone, Rheinstr. 37, 56348 Kestert ☎ 06773/7142 ▷ 0.6 km
■ Hotel Altes Tor, Oberstraße 17, 56341 Filsen ☎ 06773/333 ▷ 0.2 km

🚌 Kestert und Filsen sind gut mit der Bahn erreichbar.
🕐 www.rmv.de

🚕 Taxi Kimmel ☎ 06773/456

❗ Viele Legenden ranken sich um das sagenhafte Zweigespann bei Kamp-Bornhofen: Burg Liebenstein und Burg Sterrenberg, auch die „Feindlichen Brüder" genannt, liegen (fast) direkt am Weg und bieten beide Gastronomie und tolle Aussichtsterrassen.

🙂 Etwas Glück und Geduld braucht es schon, wenn man die Tiere im Wildgehege bei Lykershausen zu Gesicht bekommen möchte. Der Rheinsteig führt mitten durch das Gehege, in dem Burenziegen und Exmoorponys halbwild gehalten werden.

Die „Feindlichen Brüder"

Gemeinsam mit Burg Liebenstein bildet Burg Sterrenberg die „Feindlichen Brüder". Angeblich sollen zwei Brüder die benachbarten Burgen bewohnt und sich bekämpft haben. Burg Sterrenberg ist die älteste erhaltene Burg am Mittelrhein (1034), Burg Liebenstein wurde im 12. Jahrhundert unweit der Burg Sterrenberg errichtet.

Es ist unklar, ob es sich um eine Trutzburg oder eine Vorburg zur Burg Sterrenberg gehandelt hat. Beide Burgen galten ab dem 16. Jahrhundert als unbewohnbar.

ZURÜCK ZU DEN RITTERN

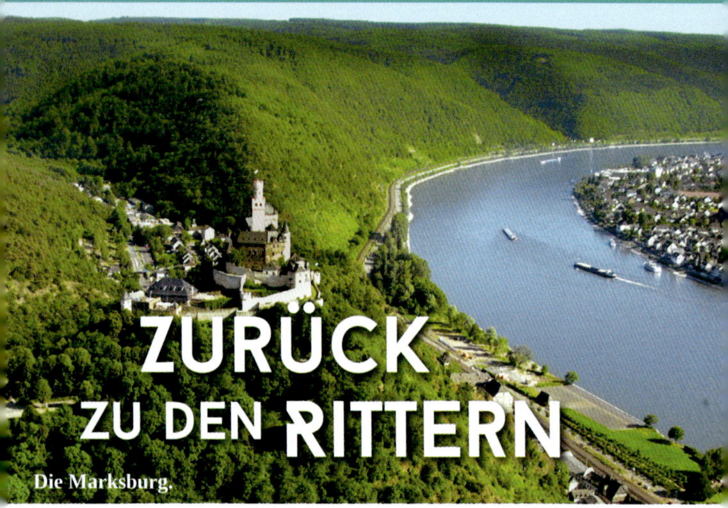

Die Marksburg.

- **Start:** Filsen
- **Ziel:** Braubach
- **Gesamtlänge:** 14.7 km
- **Gesamtzeit:** 4 Std. 35 Min.
- **Anspruch:**
- **Kalorien:** ♀ 1137 ♂ 1334
- **Tour Download:** E1XT16PR

- **Anfahrt und Rückfahrt:** Durch das Rheintal gelangt man auf der B 42 nach Filsen und nach Braubach. In Filsen gibt es eine Fähre.

- **Parken:**
- Filsen
  N50° 14' 13.2" • E7° 35' 00.7"
- Osterspai
  N50° 14' 44.1" • E7° 36' 54.3"
- Heiligenhäuschen
  N50° 14' 29.9" • E7° 37' 45.0"
- Wasenbachtal
  N50° 14' 36.2" • E7° 38' 41.6"
- Marksburg
  N50° 16' 05.5" • E7° 39' 12.1"
- Braubach N50° 16' 24.4" • E7° 38' 31.7"

- **Wegpunkte:**
  P1: Filsen 32 U 399118 5566106
  P2: Heiligenhäuschen
      32 U 402270 5566316
  P3: Wasenbachtal 32 U 403377 5566571
  P4: Sauerbrunnen
      32 U 404482 5567051
  P5: Lusthäuschen
      32 U 404206 5568774
  P6: Marksburg 32 U 403733 5569746
  P7: Braubach 32 U 403506 5569953

QR-Code aus der App „traumtouren" einscannen und Route anzeigen lassen.

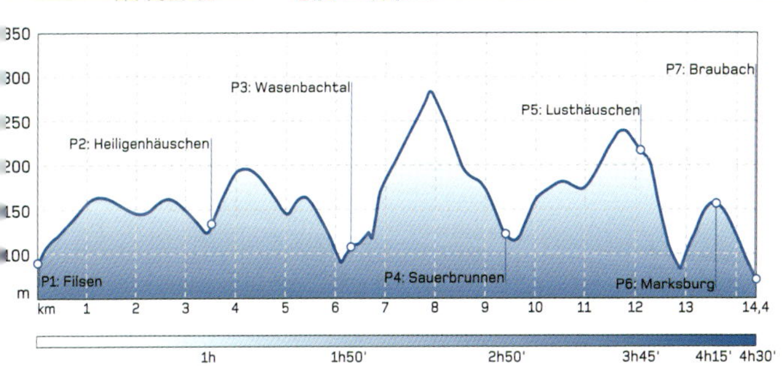
L 208
Rhens
L 335
L 327
Braubach
B 42
P7
P
B 9
P
Brey
P6
P5
L 335
K 78
Siebenborn
K 124
Spay
Jakobsberg
Rhein
K 78
B 42
Osterspai
P4
Filsen
P
P3
P
P2
P1
Hermannsberg
289
1 km
Boppard
Kamp-Bornhofen

350
300
250
200
150
100
m
P7: Braubach
P3: Wasenbachtal
P5: Lusthäuschen
P2: Heiligenhäuschen
P1: Filsen
P4: Sauerbrunnen
P6: Marksburg
km   1   2   3   4   5   6   7   8   9   10   11   12   13   14,4
1h   1h50'   2h50'   3h45'   4h15' 4h30'

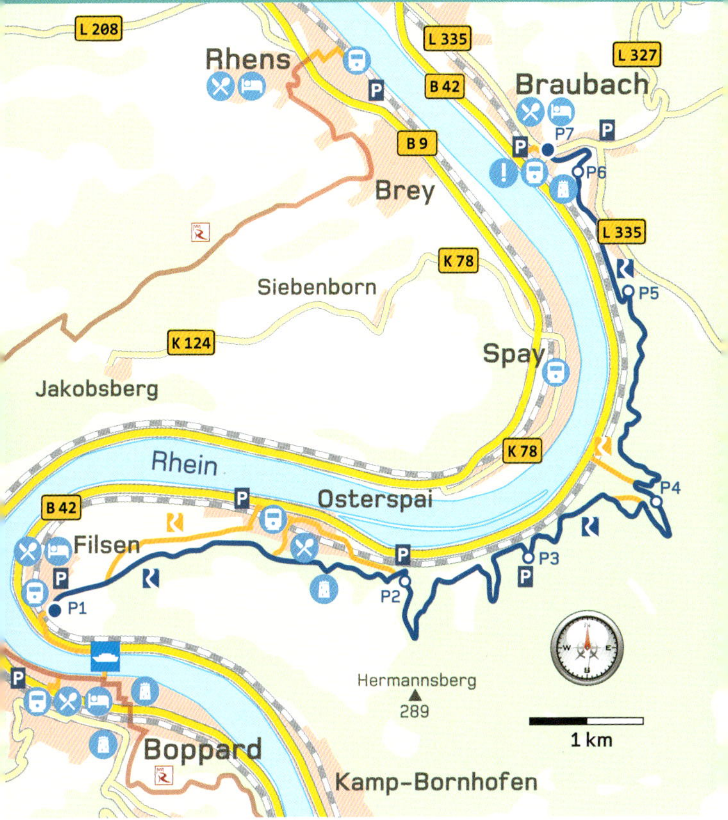

Ob es uns wohl gelingt, die nie zerstörte Marksburg zu stürmen? Diese Frage können wir am Ende der von erfrischenden Waldpassagen geprägten Etappe beantworten, denn der Rheinsteig führt uns direkt in die Gemäuer der eindrucksvoll über Braubach thronenden Burg!

Eigentlich ist es ja nur ein Katzensprung, doch Vater Rhein schlägt einen weiten Bogen, und der Rheinsteig folgt ihm treu. Somit liegen am Ende des Tages doch wieder knapp 15 km hinter uns. Dennoch startet die heutige Tour in Filsen (1) mit einer gemütlichen Feld- und Wiesenpassage fast unmerklich bergan zum Waldrand. Kaum haben wir einen Wasserbehälter passiert, wandelt sich der Weg zum Pfad und verläuft munter auf und ab durch den lichten Wald, linker Hand die Häuser von Osterspai im Blick.

An einem alten Holzschild lassen wir den Abzweig in den Ort unbeachtet. Wir laufen am Hang entlang, gewinnen etwas Höhe und können nur ahnen, dass irgendwo oberhalb von uns Schloss Liebeneck thront. Interessante Felsklippen und Querrinnen mit Rinnsalen bereichern die Wegführung. Schließlich treten wir aus dem Wald heraus und stoßen am Parkplatz Alter Ellig auf die Zufahrt zum Hof Liebeneck. Wenig unterhalb kommt von Osterspai ein Zugangsweg herauf. In der vegetationsarmen Winterzeit lohnt hier ein 150 m kurzer Abstecher die Straße abwärts zum Aussichtsplatz Hexenknöpfel.

Der Rheinsteig biegt allerdings vor dem Schloss rechts auf den breiten Weg ab und führt uns nach insgesamt 3.7 km zum Rastplatz am Heiligenhäuschen (2). Dort queren wir einen alten Pilgerweg und wandern weiter in das

Tal hinein. Dichter Laubwald begleitet uns auch nach der Bachquerung, bis die mächtigen Buchen zurücktreten und sich vor uns eine Feld- und Wiesenlandschaft auftut. Es gelingt uns, einen ersten Blick auf die Marksburg zu erhaschen, bevor uns wieder der Wald umfängt und ins Heiligenbachtal begleitet.

Heiligenhäuschen.

Nach insgesamt 5.4 km queren wir den kleinen Bach und laufen auf den Rhein zu. An der Hangkante erreichen wir die Felsenklippen der Kippelei, über die uns ein Pfad (Trittsicherheit!) abwärts bis knapp oberhalb der Bahntrasse bringt. Kurze Zeit später treffen wir nach 6.3 km beim Wanderparkplatz im Wasenbachtal (3) ein. Große Wegweiser geben die Richtung an. Wer zur richtigen Jahreszeit unterwegs ist, darf sich beim leichten Anstieg Richtung Gründlingsbachtal an seltenen Erdorchideen erfreuen, die längs des Weges am Hang

wachsen. Klar, dass sich unsere Begeisterung für derart selten gewordene
Pflanzen lediglich im stillen Betrachten
äußert, schließlich wollen andere diese
Blütenpracht auch noch bewundern!

Kaum um die Kurve, werden wir
vom wunderbaren Ausblick auf den
Rhein und die stattliche Marksburg
in den Bann gezogen. Danach heißt
es aufpassen, denn nur 200 m weiter
biegt der Rheinsteig vom breiten Weg
recht unvermittelt auf einen engen,
unscheinbaren Pfad nach links ab. Der
Gründlingsbach wird gequert, und auf
steilem Pfad geht es anschließend durch
brachliegende Weinberge bergauf. Unterwegs gibt uns ein weiterer grandioser
Ausblick auf die Marksburg Gelegenheit zum Verschnaufen, und eine Bank
zur Rast steht auch bereit.

Bald wird der Weg flacher und führt
uns durch Buchenwald (schöne Passage
im Frühjahr!). Nach 7.4 km ist eine
Entscheidung nötig: entweder folgt
man dem gelb markierten „alten"
Weg – fast eben – zu einem Rastplatz.
Alternativ bleibt man dem Rheinsteig
treu, der sich nun auf alpin anmuten-
dem Steilpfad zum Dinkelholder Berg
aufschwingt. Im Zickzack erobern wir
den Berg und werden oben mit einem
Rastplatz und einer Aussicht belohnt.
Anschließend geht es in Serpentinen
steil talwärts. Auf halber Hanghöhe
treffen wir die „alte" Route wieder.

Danach geleitet uns ein angenehmer
Waldweg hinab ins Dinkelholdertal, wo
wir uns nach links wenden. Nach 9.4
km erreichen wir den Sauerbrunnen (4)
(kein Trinkwasser!). Beim folgenden
Aufstieg danken wir den Rheinsteigpla-
nern für die Umsicht, den anstrengen-

Eck-Fritz in Braubach.

den Serpentinenweg mit zahlreichen
Bänken bestückt zu haben. Zudem
entschädigen uns fantastische Ausblicke
für die Mühen der gut 120 Höhenmeter.

Schließlich treffen wir am Lusthäuschen (5) ein, wo wir nach 12.2 km
einen harten Schwenk nach links machen. Vorbei an einem Privatgrundstück
gelangen wir auf einen Schieferpfad,
der steil abwärts durch den offenen
Schieferhang führt. Besonders an heißen Tagen sind wir froh, hier nur nach
unten zu laufen, heizt sich doch der
Schiefer in der Sonne enorm auf und
verströmt zusätzlich Hitze! Am Ende

des Zecherwegs geht es sofort wieder bergan. Allerdings ist der Aufstieg über die Treppe moderat, und oben erwarten uns die frühmittelalterliche Martinskirche und ein toller Ausblick. Wir folgen der Nebenstraße zum Abzweig zur Marksburg und meistern voller Neugier auf die Burg die letzten Höhenmeter.

Schließlich stehen wir nach **13.6 km** direkt vor der beeindruckenden Marksburg **(6)**, für deren Besichtigung wir uns genügend Zeit nehmen. Zum Abschluss der heutigen Etappe geht es dann über einen Fußweg hinunter ins Zentrum von Braubach **(7)**, wo wir nach insgesamt **14.4 km** unser Quartier beziehen.

Info   Tour 10

Tourist-Info Braubach, Rathausstr. 8, 56338 Braubach ℡ 02627/976001

Hotel Lindenhof, Rheinuferstr. 9, 56340 Osterspai ℡ 02627/97280 ▷ 0.6 km
■ Braubacher Marktstuben, Marktplatz 7, 56338 Braubach ℡ 02627/971712

Hotel Altes Tor, Oberstr. 17, 56341 Filsen ℡ 06773/333 ▷ 0.2 km
■ Zum Weissen Schwanen, Brunnenstr. 4, 56338 Braubach ℡ 02627/9820 ▷ 0.2 km
■ Hotel-Cafe Maaß, Oberalleestr. 1, 56338 Braubach ℡ 02627/544 ▷ 0 km
■ Wohnmobilstellplatz am Rheinufer Am Rheinufer/B 42, 56338 Braubach ℡ 02627/976001 ℗ www.braubach.de
■ Campingplatz Uferwiese Am Campingplatz 1, 56338 Braubach ℡ 02627/8762 ℗ www.campingplatz-braubach.de
■ Braubacher Marktstuben, Marktplatz 7, 56338 Braubach ℗ 02627/971712

Filsen und Braubach sind gut mit der Bahn erreichbar. ℗ www.rmv.de

Taxi Braubach ℡ 02627/201

Braubach, die alte Stadt am Rhein zu Füßen der Marksburg, hat eine sehenswerte Altstadt. Außerdem gibt es noch eine zweite Burg, die Philippsburg, und die aus dem frühen Mittelalter stammende Martinskirche. ℗ www.braubach.de

Die Marksburg

Eine Burg wie im Bilderbuch ...

Die Marksburg ist die einzige unzerstörte Höhenburg im Mittelrheintal und damit charakteristisch für die Burgenkultur am Rhein. Sie wurde im 12. Jahrhundert von den Herren von Braubach gegründet. Im 13. Jahrhundert wurde die Burg ausgebaut, der Kapellenturm und Teile der Wehranlagen stammen aus dieser Zeit. Im 17. und 18. Jahrhundert wurde die Anlage um den äußeren Zwinger sowie einige Türme und Bastionen erweitert. Nach einigen Besitzerwechseln gehört die Marksburg heute der Deutschen Burgenvereinigung. Eine Besichtigung ist unbedingt empfehlenswert! ⏱ www.marksburg.de

ABENTEUER IN DER KLAMM

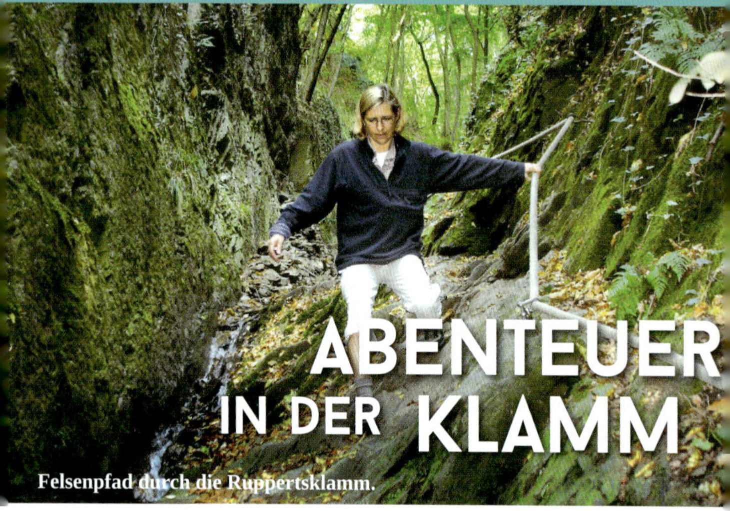

Felsenpfad durch die Ruppertsklamm.

- **Start:** Braubach
- **Ziel:** Ehrenbreitstein
- **Gesamtlänge:** 21.7 km
- **Gesamtzeit:** 7 Std.
- **Anspruch:**
- **Kalorien:** ♀ 1678 ♂ 1969
- **Tour Download:** E11TX5PR

- **Anfahrt und Rückfahrt:** Durch das Rheintal gelangt man auf der B 42 nach Braubach und nach Ehrenbreitstein. In Ehrenbreitstein gibt es eine Personenfähre und ein Brücke.

- **Parken:**
- Braubach N50° 16' 24.4" • E7° 38' 31.7"
- Lahnhöhe N50° 18' 08.9" • E7° 38' 14.1"
- Ehrenbreitstein Bhf.
  N50° 21' 41.4" • E7° 36' 38.8"

- **Wegpunkte:**
  P1: Braubach 32 U 403506 5569953
  P2: Kerkertser Platte
  32 U 403323 5570350
  P3: Parkplatz K 68
  32 U 403154 5572928
  P4: Eingang Ruppertsklamm
  32 U 402237 5574782
  P5: Hütte „Ruppertsklamm"
  32 U 403007 5575622
  P6: Lahnblick 32 U 402514 5575078
  P7: Ende Alternativroute
  32 U 402150 5574914
  P8: Hunsrückblick 32 U 401724 5574793
  P9: Rastplatz Bienhorntal
  32 U 400853 5578061
  P10: Bahnhof Ehrenbreitstein
  32 U 401146 5579651

scan to go

QR-Code aus der App „traumtouren" einscannen und Route anzeigen lassen.

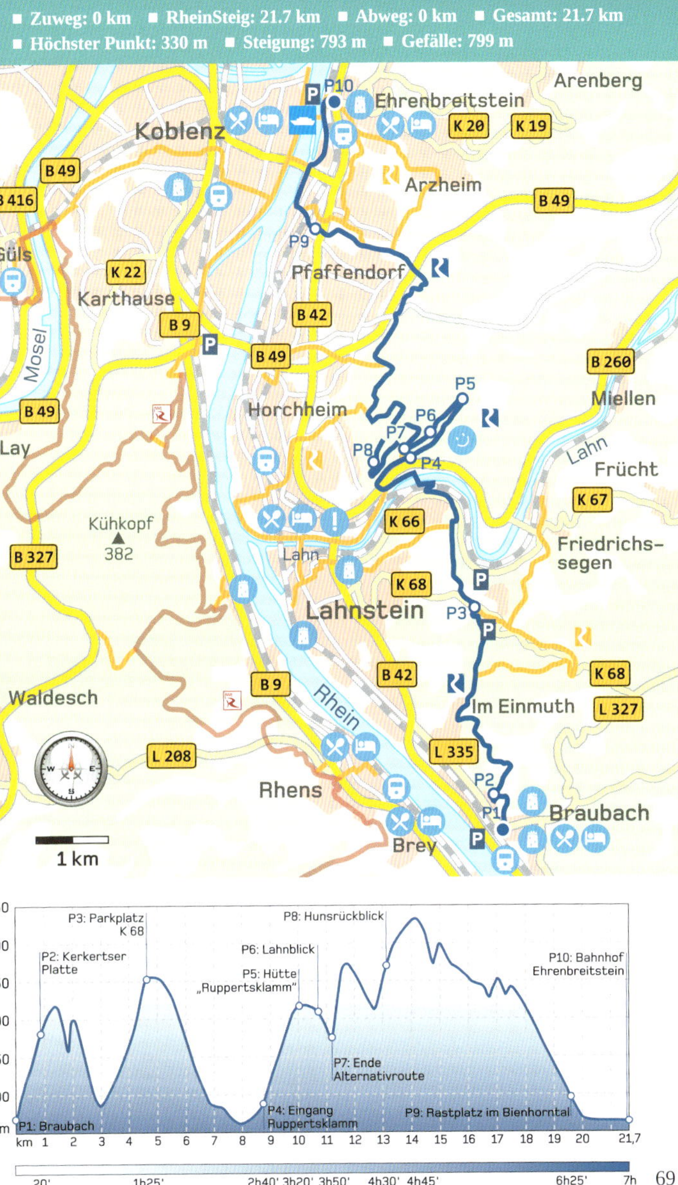

Arenberg
P10
Ehrenbreitstein
K 20
K 19
Koblenz
Arzheim
B 49
B 49
B 416
P9
Güls
Pfaffendorf
K 22
B 42
Karthause
B 9
B 49
B 260
Miellen
Horchheim
Lahn
P5
Frücht
P6
P7
K 67
Lay
P8
P4
K 66
Friedrichs-
segen
B 327
Lahn
K 68
Kühkopf
382
Lahnstein
P3
K 68
B 9
B 42
L 327
Waldesch
Im Einmuth
L 335
L 208
P2
Rhens
P1
Braubach
Brey
1 km
Mosel
Rhein

P1: Braubach
P2: Kerkertser Platte
P3: Parkplatz K 68
P4: Eingang Ruppertsklamm
P5: Hütte „Ruppertsklamm"
P6: Lahnblick
P7: Ende Alternativroute
P8: Hunsrückblick
P9: Rastplatz im Bienhorntal
P10: Bahnhof Ehrenbreitstein

m
350
300
250
200
150
100
km 1 2 3 4 5 6 7 8 9 10 11 12 13 14 15 16 17 18 19 20 21,7

20' 1h25' 2h40' 3h20' 3h50' 4h30' 4h45' 6h25' 7h

Auch diese lange Rheinsteigetappe steckt voller Abenteuer! Kerkertser Platte, Ruppertsklamm und Hunsrückblick heißen die heutigen Höhepunkte, die uns in puncto Kondition zwar einiges abverlangen, dafür aber mit tollen Erlebnissen und abwechslungsreich schöner Natur belohnen!

An der Alten Apotheke neben dem Grubenweg in Braubach (1) beginnen wir diese Etappe, die uns bis ans Rheinufer bei Ehrenbreitstein führen wird. Zügig ausschreiten ist daher unsere Devise, denn die fast 22 km werden uns sicher den ganzen Tag auf Trab halten. Über einen schmalen Weg verlassen wir Braubach und steigen langsam bergan. Kurz laufen wir auf einem Teerweg an den Überresten der hiesigen Erzgewinnung (Silber und Blei) vorüber: Verfallene Mauern und Halden tauben Gesteins sind Relikte einer fast 300-jährigen Bergbautätigkeit. Wir folgen einem Naturweg entlang der Hangflanke zur Weggabelung und zum Rastplatz auf der Kerkertser Platte (2), die nach **800 m** einen fantastischen Blick auf die Marksburg und Braubach bietet.

Durch niedrigen Krüppeleichenwald wandern wir zu einer freien Wiesenfläche und biegen links auf einen Feldweg ab. Eine abwechslungsreiche Flora erfreut uns, und auch ein erster Blick auf die Gebäude am Kurzentrum Lahnstein ist möglich. Doch dann müssen wir aufpassen, denn der Rheinsteig biegt scharf nach rechts auf einen engen Pfad ab, der uns hinab in ein kleines Tal führt. Ebenso steil wie der Abstieg gestaltet sich auch der folgende Aufstieg, den wir zum Teil über felsigen Untergrund meistern. Nach dieser kurzen Klettereinlage laufen wir auf geteertem Weg bequem über freies Feld abwärts auf den Wald zu. Dort empfängt uns ein Waldwirtschaftsweg. Er bringt uns in großem Bogen, stets nahe am Waldrand, hinunter zur Siedlung Im Einmuth.

An der Brücke über den Schlierbach biegen wir nach **2.9 km** auf einen Pfad, der uns am Bach entlang zum Ortsende leitet, wo wir den Bach schließlich queren. Wir treffen auf einen breiten Weg, wenden uns auf diesem nach rechts und laufen in das von Sumpfwald dominierte Schlierbachtal. Etwa 650 m später biegen wir links auf einen Pfad ab, der uns (fast als Hohlweg) durch eine wildromantische Schlucht bergauf führt. Oben erwarten uns nach insgesamt

Seilbahn von der Festung Ehrenbreitstein zum Deutschen Eck.

4.5 km am Waldrand bei Aspich eine tolle Aussicht und eine Bank. Nach kurzer Verschnaufpause laufen wir rechts zum Parkplatz und zur Unterführung der K 68 (3) und finden uns am Rand des Ernst-Wagner-Parks wieder, wo man sich auch an einer Kletterwand erproben kann! Wir passieren das Hotel und betreten beim hölzernen Wegweiser Ruppertsklamm den Laubmischwald. Auf schönem Weg, der manche Blicke auf freies Feld ermöglicht, kommen wir nach insgesamt 6 km zum Abzweig nach Lahnstein.

Auf dem Rheinsteig schrauben wir uns auf dem Waldweg stetig abwärts ins Lahntal bis zur K 66. Dieser Straße folgen wir links zur Siedlung Friedland und weiter bis zu einem Bahnübergang. Dort verlassen wir die Straße, laufen über die Gleise hinunter zum Campingplatz und erreichen nach 7.9 km den Steg über die Lahn.

Drüben erwartet uns mit dem Schleusenhäuschen eine weitere Einkehrmöglichkeit, die wir jedoch nicht nutzen, denn uns zieht es nun unwiderstehlich zur Klamm! Dazu laufen wir unter der Hochbrücke der B 260 hindurch, queren die Straße und halten uns lahnaufwärts zum nahen Einstieg in die Ruppertsklamm (4). Nach 8.9 km empfängt uns ein großes Holzportal, und das Abenteuer kann beginnen! Lässt sich das eingeschnittene Tal anfangs noch bequem auf dem Pfad erwandern, helfen weiter oben Seile über die Felsrippen. Berührungsängste mit dem Bach sollte man nicht haben, denn der eine oder andere Schritt ins kühle Nass gehört auch dazu. Am oberen Ende der Klamm (5) steht nach 10.1 km eine Schutzhütte mit Bänken zur Rast bereit. Über idyllische Waldwege wandern wir zunächst fast eben zur Aussicht auf die Allerheiligenkapelle und Burg Lahneck (6). Wenig später mündet von links die Alternativroute (7), und wir wenden uns scharf rechts auf einem steilen Pfad bergan.

Etwas außer Atmen erreichen wir einen breiten Waldweg, dem wir durch die Hangflanke folgen.
Nach 12.8 km wird es wieder anstrengend, denn nun folgt der Rheinsteig einem Felspfad entlang eines Grats steil bergan. Kurz bevor wir die Steigung vollends gemeistert haben, steht am Hunsrückblick (8) eine urige Bank zur Pause bereit.

Wenig später erreichen wir das Waldplateau um den Lichterkopf, den wir im Bogen umrunden. Der Abstieg über weiche Waldwege durch den wunderschönen Hochwald fügt eine weitere Facette von „Natur erleben" in diese

reizvolle Etappe. Schlanke Buchen geleiten uns zur Alten Heerstraße und zu einer großen Wiese, die wir queren, um danach zu einem kleinen Bach abzusteigen. Der Waldweg führt uns zur Unterführung der B 49 und nach 18.2 km zum Einstieg in das Bienhorntal. Eine wunderschöne Kastanienallee begrüßt uns, und beim Wandern auf dem stetig abwärts führenden Fußweg bemerken wir kaum, dass wir uns durch dicht bebautes Gelände bewegen. Schließlich unterqueren wir die B 42, passieren einen Rastplatz (9) und treffen in Pfaffendorf ein. Wir lassen die Bahnstrecke hinter uns, passieren die Kirche St. Peter & Paul und stehen nach insgesamt 20 km am Rheinufer. Nun ist es wirklich nur noch ein kurzer Uferspaziergang mit Tuchfühlung zum Rhein, bis wir den Bahnhof Ehrenbreitstein (10) nach 21.7 km erreichen.

Festung Ehrenbreitstein.

Info 🥾 Tour 11

ℹ️ Tourist-Info im Forum Confluentes, Zentralplatz 1, 56068 Koblenz 📞 0261-19433 🕐 www.koblenz-touristik.de

🍴 Campingplatz und Lahnschleuse, Lahntal ▷ 0 km
▪ Hotel Weißes Ross/Restaurant Parthenon, Johannesstr. 19, 56112 Lahnstein 📞 02621/8417 ▷ 1.8 km

🛏️ ▪ Diehl's Hotel, Rheinsteigufer 1, 56077 Koblenz 📞 0261/97070
▪ Zum Weissen Schwanen, Brunnenstr. 4, 56338 Braubach 📞 02627/9820 ▷ 0.2 km
▪ Wohnmobilstellplatz Blücherstraße, 56112 Lahnstein 📞 02621/914-171
▪ Campingplatz Runkel Auf Ahl 1, 56112 Lahnstein 📞 02621/8822
▪ Campingplatz Burg Lahneck, Am Burgweg, 56112 Lahnstein 📞 02621/2765
▪ Jugendherberge Festung Ehrenbreitstein, 56077 Koblenz 📞 0261/972870

🚆 Braubach und Ehrenbreitstein sind gut mit der Bahn erreichbar. 🕐 www.rmv.de

🚕 Taxi Lahnstein 📞 02621/2737

❗ Etwas neben der Strecke wartet hoch über Lahnstein die Burg Lahneck auf einen Besuch. Sie kann jeweils zur vollen Stunde bei einer Führung besichtigt werden. Infos: 📞 02621/2244, 🕐 www.burg-lahneck.de

🙂 Die etwa 1.5 km lange Klamm bei Lahnstein ist teilweise mit Seilen gesichert und verspricht Abenteuer pur. Jeder kann sich wie ein Bergsteiger fühlen, sollte aber mit festem Schuhwerk und Trittsicherheit ausgestattet sein. Für weniger kletterfreudige Wanderer gibt es eine markierte Umgehung.

Burg Lahneck

Schutzburg der Silbermine

Der Mainzer Erzbischof Siegfried III. erbaute ab 1240 die Burg Lahneck zum Schutz der zu Mainz gehörenden Exklave Lahnstein mit der wichtigen Silbermine. Im 15. Jahrhundert erfolgten der Ausbau und die Verstärkung der Burganlage; die bedeutenden Malereien in der Kapelle stammen ebenfalls aus dieser Phase.

Nachdem die Burg im 16. und 17. Jahrhundert dem Verfall preisgegeben war, wurde sie ab 1852 in neugotischem Stil wieder aufgebaut. Goethe schrieb, angeregt durch die Ruine Lahneck, sein Gedicht Geistesgruß, welches als Grundstein der Rheinromantik in der Literatur gilt.

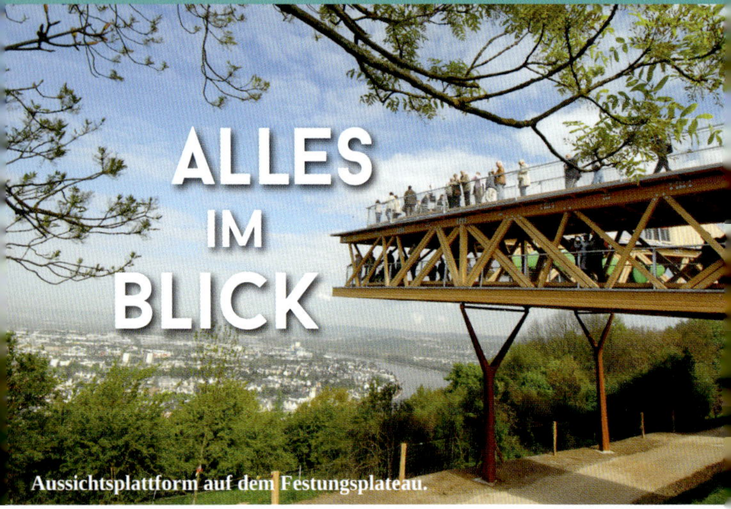

Aussichtsplattform auf dem Festungsplateau.

- **Start:** Ehrenbreitstein
- **Ziel:** Sayn
- **Gesamtlänge:** 21.7 km
- **Gesamtzeit:** 7 Std.
- **Anspruch:**
- **Kalorien:** ♀ 1593 ♂ 1870
- **Tour Download:** E12TX4PR

- **Anfahrt:** Durch das Rheintal gelangt man auf der B 42 nach Ehrenbreitstein. In Ehrenbreitstein gibt es eine Personenfähre und ein Brücke.

- **Rückfahrt:** Von Sayn gelangt man über die B 413 ins Rheintal.

scan to go

QR-Code aus der App „traumtouren" einscannen und Route anzeigen lassen.

- **Parken:**
- Ehrenbreitstein Bhf.
  N50° 21' 41.4" • E7° 36' 38.8"
- Vallendar Rheinstraße
  N50° 23' 57.7" • E7° 36' 40.9"
- Schlossgarten Sayn
  N50° 26' 24.4" •E7° 34' 33.1"

- **Wegpunkte:**
  - **P1:** Bahnhof Ehrenbreitstein
    32 U 401146 5579651
  - **P2:** Aussichtsplattform
    32 U 401677 5580729
  - **P3:** Querung Mallendarer Bach
    32 U 402497 5581943
  - **P4:** Wambachtal 32 U 402988 5583518
  - **P5:** Nepomukbrücke
    32 U 401785 5584030
  - **P6:** Wüstenhof 32 U 401423 5585196
  - **P7:** Aussicht 32 U 399787 5587677
  - **P8:** Römerturm 32 U 400468 5588721
  - **P9:** Burg Sayn 32 U 399158 5588435
  - **P10:** Schloss Sayn
    32 U 398950 5588336

L 260
L 306
Sayn
P9
P10
P8
P7
L 262
Höhr-Grenzhausen
Mül-
hofen
B 413
A 48
L 307
Bendorf
L 308
Rhein
B 42
Weitersburg
P6
St. Sebastian
Vallendar
A 48
L 309
P5
Kesselheim
L 126
P4
Niederwerth
Mallendar
P
Simmern
K 83
K 113
Koblenz
K 84
B 9
Urbar
P3
L 127
K 85
Neuendorf
Metternich
Lützel
P2
B 42
B 258
Nieder-
berg
L 127
B 416
Mosel
Arenberg
B 49
P1
K 19
Ehrenbreitstein
K 20
1 km

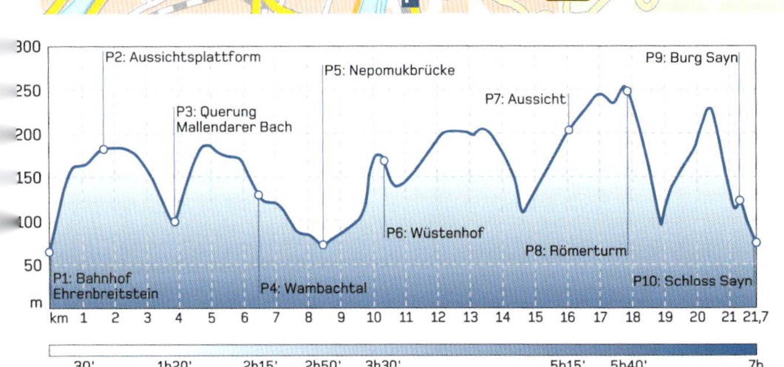

300
250
200
150
100
50
m
P2: Aussichtsplattform
P5: Nepomukbrücke
P9: Burg Sayn
P3: Querung
Mallendarer Bach
P7: Aussicht
P6: Wüstenhof
P8: Römerturm
P1: Bahnhof
Ehrenbreitstein
P4: Wambachtal
P10: Schloss Sayn
km 1 2 3 4 5 6 7 8 9 10 11 12 13 14 15 16 17 18 19 20 21 21,7
30' 1h20' 2h15' 2h50' 3h30' 5h15' 5h40' 7h

Historie auf Schritt und Tritt: Zu Beginn die mächtige Festung Ehrenbreitstein, dann ein Limeswachturm nebst Palisade und schließlich Burg und Schloss Sayn säumen die heutige Rheinsteig-Etappe.

Diese Etappe beginnt sogleich mit einem herausfordernden Anstieg. Vom Bahnhof Ehrenbreitstein (1) folgen wir dem Rheinsteig auf dem Fußweg zur Jugendherberge und weiter in die Hangflanke. Auf teils anspruchsvollen und Trittsicherheit forderndem Pfad erklimmen wir Schritt für Schritt das Plateau der Festung Ehrenbreitstein, das wir schließlich an den Parkplätzen erreichen. Die beeindruckende Festung bleibt vom Rheinsteig unberührt links liegen, wer möchte kann aber eine kostenpflichtige Besichtigung der weitläufigen Anlage einschieben.

Wir laufen quer über das ehemalige BUGA Gelände (hier ist der Rheinsteig übrigens mit Bodenmarkierungen ausgewiesen) zur Aussichtsplattform (2) an der Hangkante. Von der hölzernen Plattform aus, die aus BUGA-Zeiten übrig geblieben ist, bietet sich ein toller Blick auf das Deutsche Eck, wo die Mosel in den Rhein mündet. Mühsam reißen wir uns vom Anblick los und setzen die Tour fort.

Wir gelangen zum Kompostwerk und tangieren nach 3 km den Rand von Urbar, bevor es hinab zum Mallendarer Bachtal geht. Dieses (3) queren wir und wandern durch Streuobstwiesen und eine Heckenlandschaft bergan. Der Rheinsteig verläuft durch dicht besiedeltes Gebiet, was sich auch in der Vegetation niederschlägt: Gärten, viel kultiviertes Ackerland und nur ab und an brachliegendes Gelände oder verwilderte Hecken. Nach kurzem Anstieg überqueren wir unweit einer Hochspannungsleitung die K 83 und laufen zwischen einem kleinen Waldstück und

76 **Limeswachturm am Pulverberg.**

...'m Brexbachtal.

weiten Feldern auf das Berufsförderungswerk Mallendar zu. Schließlich geht es sogar durch die ruhigen Wohnstraßen Mallendars zum Schwimmbad des Ortes. Hier tritt die städtische Umgebung zurück, und ein Naturweg geleitet uns durch dichte Schlehenhecken abwärts ins Wambachtal.

Kaum haben wir den Bach erreicht, erweckt der Wambacher Brunnen (4) unsere Aufmerksamkeit. Gemütlich laufen wir nun auf breitem Weg zum Ausgang des Tals, wo wir nach **7.5 km** auf einen großen Parkplatz der theologischen Hochschule Vallendar treffen.

Wir treten durch ein Sandsteintor in den Garten, biegen aber sogleich links auf einen ansteigenden Pfad, der uns unterhalb großer Gebäude zu einer Gartensiedlung führt. Diese durchwandern wir und gelangen nach **8.3 km** über den Gilgenborn ins Tal und zur Nepomukbrücke (5). Von hier führt uns der Rheinsteig ins sehenswerte Zentrum von Vallendar. An der Marzellinuskirche verlassen wir die Straße und begeben uns auf einen geteerten Fußweg, der vom Meerbach begleitet wird. Wir folgen dem Wasserlauf ins Tal hinein. Kurz vor einer Schutzhütte dürfen wir den Richtungswechsel des

Rheinsteigs nach rechts aufwärts nicht verpassen. Durch urwüchsige Hecken, von denen alte Ranken wie Lianen herabhängen, wandern wir auf erdigem Pfad bergan. Bald treffen wir auf den Rheinhöhenweg und wenden uns nach links auf einen kaum mehr ansteigenden Feldweg. Gesäumt von knorrigen Obstbäumen, geht es auf freies Feld, wo nach insgesamt 10.5 km der Wüstenhof (6) zur Einkehr lädt. Ein gigantischer Panoramablick breitet sich vor uns aus. Über einen Feldweg gelangen wir steil abwärts zur Schnatzenmühle am Meerbach.

Wir wandern zwischen Waldrand und Weiden nach rechts, bald plätschert unweit des Weges der Wüstenbach. Doch schnell kehren wir dem Bach den Rücken zu und nähern uns durch offene Felder der Autobahn. Nach Unterquerung meistern wir auch die K 81 und genießen den phänomenal schönen Ausblick. Bei klarem Wetter sieht man von hier bis in die Eifel.

Nach insgesamt 13.3 km queren wir – noch immer auf freiem Feld – die L 307. Danach halten wir auf den nahen Waldrand zu, wo unser Feldweg bald in einen Pfad übergeht, der uns tiefer in den Wald führt. Spürbar abwärts wandern wir durch den Laubmischwald und stoßen im Großbachtal auf die ersten Häuser von Bendorf. Nachdem wir einen Bach überquert haben, erreichen wir einen kleinen Rastplatz, der nicht vermuten lässt, dass wir mitten in Bendorf sind. Wir durchlaufen das Gelände des hotel friends (Einkehrmöglichkeit), das im idyllischen Wenigerbachtal liegt und streben nach 15.1 km zügig wieder im Wald aufwärts. In schnellem Wechsel durchwandern wir Waldpartien und offene, mit schönen

Aussichten (7) aufwartende Feldpassagen. Kurz hinter dem Meisenhof biegen wir nach 17.9 km links in den Wald und stehen wenig später am Römerturm (8). Nachdem wir die Rekonstruktion bewundert haben, folgen wir dem Naturweg in Serpentinen steil hinunter ins Brexbachtal. Unweit eines herrlichen Viadukts queren wir den Bach und passieren eine große, oft für Zeltlager genutzte Wiese. Der letzte Anstieg des Tages hinauf zur Oskarhöhe kostet uns noch mal ordentlich Kraft, aber der Blick auf die Abteikirche in Sayn und die abwechslungsreiche Natur entschädigen für diese Mühen. Mit einer Schleife durch den Wald nähern wir uns der Burg Sayn (9), die nach 21.3 km neben Bergfried und Kapelle auch einen sagenhaften Ausblick über das Neuwieder Becken bietet.

Eine Treppe und ein Pfad führen uns nach ausgiebigem Rundgang dann zu einem etwas unterhalb gelegenen Turm im Wald und weiter zum liebevoll restaurierten Schloss Sayn. Wir fühlen uns schon etwas erhaben, als wir über die fürstliche Schlossterrasse zum Zentrum von Sayn (10) wandern, wo nach ereignisreichen 21.7 km diese Etappe ihren krönenden Schlusspunkt findet.

Schloss Sayn.

ℹ️ Tourist-Info im Forum Confluentes, Zentralplatz 1, 56068 Koblenz
📞 0261/19433
🕐 www.koblenz-touristik.de
▪ Tourist-Info Sayn Schloßstr. 100, 56170 Sayn-Bendorf 📞 02622/902913

🍴 Wüstenhof, Vallendar
📞 0261/60572 ▶ 0 km
▪ Waldgaststätte Meisenhof, 56170 Bendorf-Sayn 📞 02622/3101 ▶ 0 km
▪ Schlossrestaurant Sayner Zeit
📞 02622/889683 ▶ 0 km

🛏️ Diehl's Hotel, Rheinsteigufer 1, 56077 Koblenz 📞 0261/9707-1 ▶ 0 km
▪ Berghotel Rheinblick, Remystr. 79, 56170 Bendorf 📞 02622/127127 ▶ 1.9 km
▪ Wohnmobilstellplatz P1 am Rhein Rheinufer Vallendar (neben der Brücke zur Insel Niederwerth) 56179 Vallendar
📞 0261/667578-10 oder -13
🕐 www.vallendar-rhein.de
▪ Bendorf-Wohnmobilstellplatz Koblenz-Olper-Straße, 56170 Bendorf-Sayn
📞 02622/902913 🕐 www.bendorf.de

🚌 Zwischen Sayn und Bendorf verkehrt die Buslinie 71. 🕐 www.vrminfo.de

🚕 Taxi Engerser Pünktchen 📞 02622/4444
▪ Taxi Kurier 📞 02631/55555

❗ Ein neuer verlängerter Zuweg verbindet Bendorf-Sayn mit dem Schiffsanleger in Neuwied-Engers. Im Schloss Engers („Villa Musica") Übernachtungs- und Einkehrmöglichkeit: 🕐 www.schloss-engers.de
📞 02622/9264295

🙂 Der Kletterwald Sayn lädt Jung und Alt zum Abenteuer in die Baumwipfel ein. Altersgrenze beachten!
🕐 www.kletterwald-sayn.de

Fürstlich: Schloss Sayn

Mächtiges Bollwerk am Deutschen Eck

Von der ersten Burg Ehrenbreitstein aus dem 11. Jahrhundert ist heute nichts mehr zu sehen. Die imposante und zugleich zu den bedeutendsten Festungsbauten des 19. Jahrhunderts gehörende Anlage entstand auf den frühmittelalterlichen Resten ab dem 16. Jahrhundert. Bis zum 18. Jahrhundert war eine riesige Burganlage entstanden, die als Zuflucht für den Landesherrn diente. 1799 übernahmen nach einjähriger Belagerung die Franzosen die Festung und sprengten sie. Bereits 1816-1834 erbaute man an gleicher Stelle eine neue, in erster Linie militärische Anlage, die Teil des Befestigungsrings um Koblenz war. Nach dem 1. Weltkrieg wurde die Festungsanlage entgegen erster Pläne erhalten.

Besucherdienst: ☎ 0261/66 75-4000 ⏲ www.festungehrenbreitstein.de

VOM SCHMETTERLING ZUM SCHWAN

Schwanenteich bei Oberbieber.

- **Start:** Sayn
- **Ziel:** Rengsdorf
- **Gesamtlänge:** 15.3 km
- **Gesamtzeit:** 4 Std. 30 Min.
- **Anspruch:**
- **Kalorien:** ♀ 1112 ♂ 1305
- **Tour Download:** E13TX3PR

- **Anfahrt:** Vom Rheintal gelangt man über die B 413 nach Sayn.

- **Rückfahrt:** Rengsdorf ist aus dem Rheintal über die B 256 zu erreichen.

- **Parken:**
- Alte Abtei Sayn
  N50° 26' 17.9" • E7° 35' 00.4"
- Schlossgarten Sayn
  N50° 26' 24.4" • E7° 34' 33.1"
- Zoo N50° 27' 04.5" • E7° 33' 44.5"
- Schwanenteich
  N50° 28' 50.4" • E7° 30' 49.5"
- Römerturm
  N50° 28' 35.6" • E7° 30' 34.9"
- Monte Mare Weg
  N50° 30' 29.1" • E7° 29' 04.3"
- Bayerstr. N50° 30' 16.8" • E7° 29' 07.1"

- **Wegpunkte:**
  P1: Schloss Sayn 32 U 398950 5588336
  P2: Zoo Neuwied 32 U 397914 5589841
  P3: Haus am Pilz 32 U 395348 5592206
  P4: Schwanenteich
     32 U 394511 5593150
  P5: Hütte am Römerturm
     32 U 394256 5592941
  P6: Rengsdorf Westerwaldstraße
     32 U 393018 5595912

scan to go

QR-Code aus der App „traumtouren" einscannen und Route anzeigen lassen.

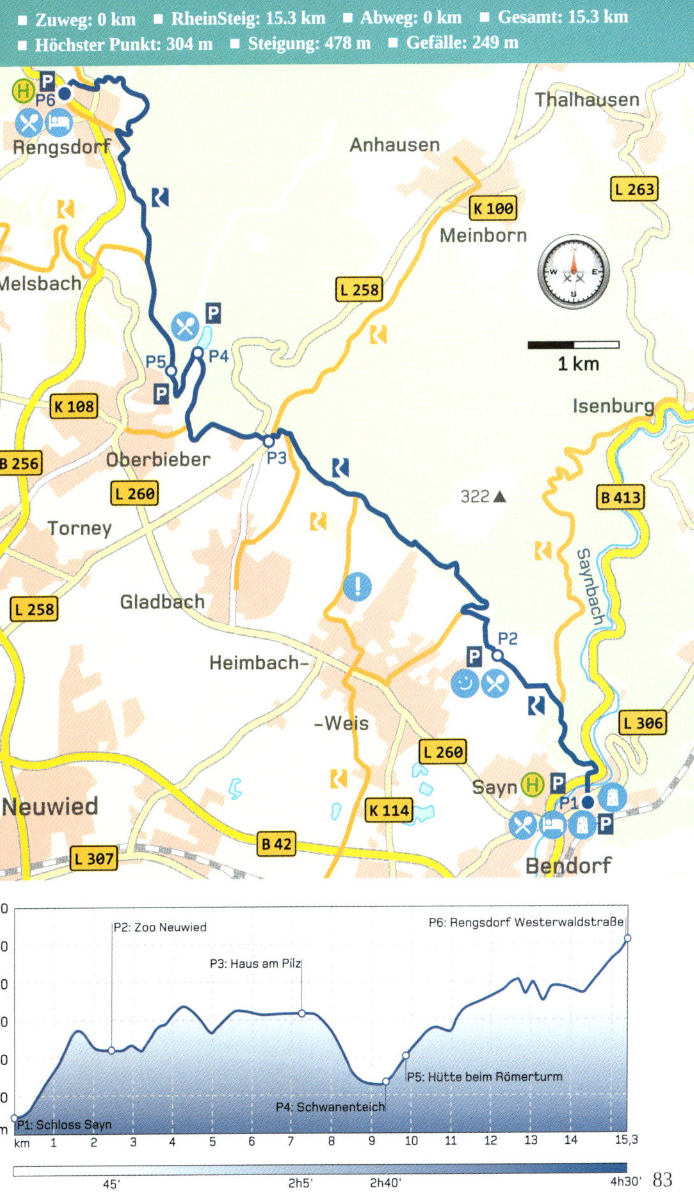

Zuweg: 0 km   RheinSteig: 15.3 km   Abweg: 0 km   Gesamt: 15.3 km
Höchster Punkt: 304 m   Steigung: 478 m   Gefälle: 249 m
Thalhausen
Anhausen
Meinborn
Rengsdorf
P6
Melsbach
L 263
K 100
L 258
Isenburg
P5
P4
K 108
B 256
Oberbieber
P3
L 260
322
B 413
Saynbach
Torney
Gladbach
L 258
Heimbach-
P2
-Weis
L 260
L 306
Neuwied
K 114
Sayn
P1
B 42
Bendorf
L 307
1 km

P2: Zoo Neuwied
P6: Rengsdorf Westerwaldstraße
P3: Haus am Pilz
P5: Hütte beim Römerturm
P4: Schwanenteich
P1: Schloss Sayn
m
km 1 2 3 4 5 6 7 8 9 10 11 12 13 14 15,3
350
300
250
200
150
100
45'   2h5'   2h40'   4h30'

Zarte Falter und wilde Tiere, herrlicher Buchenwald, blühende Hecken und duftende Wiesen: Wir folgen den Spuren der Römer und des Mittelalters und erklimmen auf einer „tierisch" schönen Etappe die Ausläufer des Westerwalds.

Direkt vor dem Schloss in Sayn (1) starten wir zur Westerwaldetappe nach Rengsdorf. Schon nach wenigen Metern gerät die Wanderung ins Stocken, denn den Schmetterlingsgarten darf man einfach nicht links liegen gelassen werden! Nach dem Rundgang verlassen wir den Schlosspark an der Brücke über den Saynbach, queren die Straße und folgen ihr nach rechts zum historischen Industriegebäude der Sayner Hütte. Kurz vorher halten wir uns links und begeben uns auf schmalem Fußweg bergan in den nahen Wald. So erklimmen wir die Bismarckhöhe, wo an einer Wegkreuzung eine Schutzhütte Gelegenheit zum Verschnaufen bietet. Wir folgen dem Rheinsteig auf dem breiten Wirtschaftsweg leicht abwärts und schwenken an einigen Häusern nach rechts. Über freies Wiesengelände nähern wir uns dem Zoo von Neuwied (2), der nach 2.5 km nicht nur für kleine Wanderer ein Magnet ist.

Über den Parkplatz am Zooeingang hinweg wandern wir auf dem Rheinsteig auf Hecken gesäumtem Feldweg durch die herrlichen Wiesen. Ein markanter, einzeln stehender Baum hilft uns, den rechten Kurs beizubehalten: Hier biegen wir rechts auf einen Wiesenpfad hinauf zum nahen Waldrand ab. Eine Bank lädt zur Pause ein, und wir genießen den schönen Ausblick, bevor wir mit dem Vogelspfad den Wald betreten. Auf dem Forstberg erwartet uns ein Rastplatz nebst Vogel-Informationstafel. Der Pfad windet sich durch den abwechslungsreichen Wald und bringt uns schließlich

an der Zufahrt zum Golfplatz an den Waldrand. Wir folgen der Straße 50 m nach rechts, bevor wir nach **4.9 km** links wieder in den Wald abtauchen. Unweit des Waldrands wandern wir gen Nordwesten und erspähen durch die Bäume hindurch einen Blick auf die Abteikirche Rommersdorf. Wunderbarer Laubmischwald erfreut uns, eine Buche begeistert durch ihre Pracht. Nach insgesamt **6.1 km** passieren wir den Schnepfenteich, queren den Heimbach und erreichen über einige gut markierte Richtungswechsel nach **7.2 km** schließlich das Haus am Pilz (3).

Bei der Querung der L 258, die hier dreispurig um die Kurve kommt, ist absolute Aufmerksamkeit gefragt. Danach laufen wir an den wenigen Häusern von Alteck vorbei und gelangen über einen Pfad mit biegsamen Weiden abwärts auf einen breiteren Weg. Dieser führt uns zu einer Brachwiese und nach einem kurzen Stück Mischwald zu einer Schutzhütte am Waldrand. Von hier aus fällt unser Blick auf das unterhalb gelegene Oberbieber. Für den Abstieg tauchen wir wieder in den Wald ein und laufen auf recht steilem Weg hinunter ins Tal bis zur Reitsportanlage Oberbieber. Dort halten wir auf den Aubach und Schwanenteich (4) zu. Eine Wassertretstelle und ein Biergarten bieten nach **9.8 km** Stärkungsmöglichkeiten für den bevorstehenden Aufstieg zum Römerturm am Wingertsberg. Am Parkplatz Wingertsberg biegen wir scharf nach rechts, passieren wenig später den etwas neben dem Weg stehenden restaurierten Limesturm und treffen nach **10.1 km** an einer Wegkreuzung auf einen Rastplatz nebst Hütte (5).

Wir befinden uns seit dem Parkplatz auf dem interessant gestalteten Waldlehrpfad Wingertsberg, für dessen Stationen man sich ausreichend Zeit nehmen sollte! Tafeln und Exponate erklären anschaulich Wissenswertes rund um das Thema Wald.
Es folgt eine leicht ansteigende Weg-

strecke zu einer weiteren Grillhütte, danach dürfen wir das Wandern durch den dichten Wald zur Jonashütte auskosten. Nach **13 km** folgt ein Hinweis auf das nahe Café Waldterrasse, doch uns zieht es zum Endspurt. Dieser beginnt mit dem Abstieg hinab ins Engelsbachtal. Der Pfad durch den Hochwald geleitet uns zum Bach, den wir unweit der Kläranlage queren. Nun schreiten wir auf einem breiten, Weg kräftig aus und umrunden das Gelände des Freibads. Jetzt rücken Schafweiden ins Blickfeld, und wir schwenken Richtung Bach. Allerdings nutzen wir nicht die Brücke,

Geparde im Zoo Neuwied.

sondern laufen rechts am Bach entlang zu einem kleinen Steg. Ein Waldpfad bringt uns weiter bergan zur K 104 und zum Ortsanfang von Rengsdorf. An der Kirche queren wir die Straße und finden uns im Park wieder. Vorbei an Blumenbeeten und exotischen Bäumen führt uns der Rheinsteig zu einem kleinen,Tal, das wir queren, um danach die Luisenstraße (6) zu betreten. An der Westerwaldstraße beenden wir schließlich neben einer Bushaltestelle nach 15.3 km diese tier- und waldreiche Etappe.

Tourist-Info Rengsdorf, Westerwaldstr. 24, 56579 Rengsdorf
02634/922911

Zoorestaurant, Heimbach-Weis
02622/81530 ▶ 0 km
■ Zum Schwanenteich, Zum Aubachtal 99, 56566 Neuwied-Oberbieber
02631/47313 ▶ 0.1 km
■ Hotel Restaurant Waldterrasse, Nonnenley 7, 56579 Rengsdorf 02634/8338
▶ 0.1 km

Hotel Friends, Im Wenigerbachtal 8–25, 56170 Bendorf 02622/8840
▶ 0 km
■ Wohnmobilstellplatz am Freizeitbad Monte Mare, Monte-Mare-Weg 1 56579 Rengsdorf
02634/922911
■ Campingplatz „Zum Aubachtal" Im Aubachtal, 56566 Neuwied-Oberbieber
0171/6893400

Buslinie 71 verbindet Sayn und Bendorf, Buslinie 101 Rengsdorf und Neuwied. www.vrminfo.de

Taxi Kurier 02631/55555

Besondere Attraktionen im Zoo Neuwied sind die Gepardenfütterungsanlage, die die Tiere zu echten Spurts auf die Beute animiert, die große Kängurufamilie und das neue Menschenaffenhaus. Infos: www.zoo-neuwied.de

Einen Abstecher wert ist die ehemalige Abtei Rommersdorf. Die im 12. Jahrhundert von Prämonstratensern gegründete Abtei gehört zu den Kulturdenkmälern. Infos: 02622/837365 www.abtei-rommersdorf.de

Uralter Fürstensitz

Kaum zu glauben, dass sich die imposant auf einem Bergsporn hoch über Sayn gelegene Burg bereits in der 19. Generation im Besitz des Fürstenhauses Sayn befindet! Nachdem die Brüder Heinrich I. und Eberhard I. im Jahr 1139 die Burg erbaut hatten, war sie mit einer Unterbrechung von 242 Jahren stets Eigentum und Stammsitz der Familie. Im 30-jährigen Krieg zerstörten schwedische Truppen 1632 die Burg.

1848 schenkte König Friedrich Wilhelm IV. von Preußen die Burgruine zurück an den rechtmäßigen Besitzer, Fürst Ludwig zu Sayn-Wittgenstein. Ende des 20. Jahrhunderts begann unter Regie von Fürst Alexander zu Sayn-Wittgenstein und Fürstin Gabriela die aufwendige Restaurierung der Burganlage.

BERG UND TAL

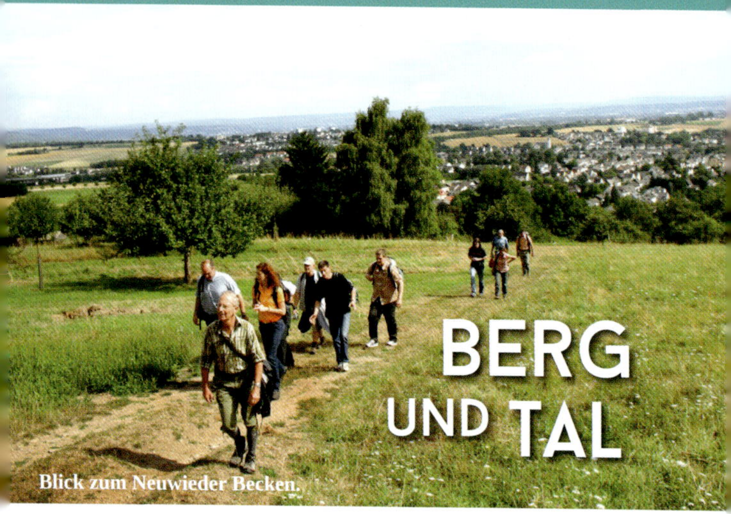

Blick zum Neuwieder Becken.

- **Start:** Rengsdorf
- **Ziel:** Feldkirchen
- **Gesamtlänge:** 15.1 km
- **Gesamtzeit:** 4 Std. 45 Min.
- **Anspruch:**
- **Kalorien:** ♀ 1083 ♂ 1271
- **Tour Download**: E14TX2PR

- **Anfahrt:** Rengsdorf ist aus dem Rheintal über die B 256 zu erreichen.

- **Rückfahrt:** Neuwied-Feldkirchen ist über die B 42 durch das Rheintal erreichbar.

scan to go

QR-Code aus der App „traumtouren" einscannen und Route anzeigen lassen.

- **Parken:**
- Bayerstr. N50° 30' 16.8" • E7° 29' 07.1"
- K 110 N50° 28' 23.6" • E7° 27' 35.4"
- Altwied N50° 28' 58.4" • E7° 28' 06.2"

- **Wegpunkte:**
  - **P1:** Rengsdorf 32 U 393018 5595912
  - **P2:** Hütte & Aussicht
    32 U 392051 5595476
  - **P3:** Almblick 32 U 391663 5594874
  - **P4:** Laubachsmühle
    32 U 391550 5594778
  - **P5:** Ruine Altwied
    32 U 391334 5593461
  - **P6:** Querung K 110
    32 U 390727 5592409
  - **P7:** Kastanienbaum
    32 U 389604 5591994
  - **P8:** Hütte 32 U 388090 5591090
  - **P9:** Wasserpark Feldkirchen
    32 U 387839 5590871
  - **P10:** Feldkirchen 32 U 387634 5590095

Zuweg: 0 km
RheinSteig: 15.1 km
Abweg: 0 km
Gesamt: 15.1 km
Höchster Punkt: 312 m
Steigung: 417 m
Gefälle: 589 m

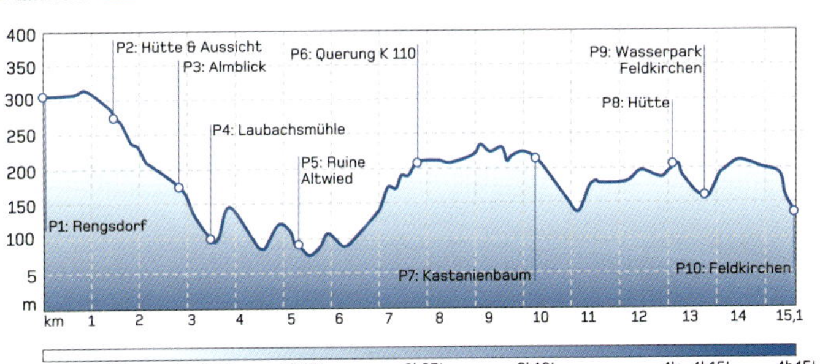

Datzeroth
Wied
L 255
Rengsdorf
P1
P2
P3
P4
Melsbach
K 107
P5
Monrepos
K 106
K 110
Kümmelberg
P6
K 108
Ober-
bieber
L 255
B 256
P7
K 116
Segendorf
Torney
K 109
P8
Rodenbach
L 258
P9
K 112
Nieler-
bieber
Wollendorf
P10
K 16
Wied
L 255
Feldkirchen
Neuwied
Irlich
Heddesdorf
1 km

400
350
300
250
200
150
100
5
m
P2: Hütte & Aussicht
P3: Almblick
P6: Querung K 110
P9: Wasserpark
Feldkirchen
P4: Laubachsmühle
P8: Hütte
P5: Ruine
Altwied
P1: Rengsdorf
P7: Kastanienbaum
P10: Feldkirchen
km   1   2   3   4   5   6   7   8   9   10   11   12   13   14   15,1
30'   1h 1h15'   1h45'   2h25'   3h10'   4h 4h15'   4h45'

An der Westerwaldstraße in Rengsdorf (1) nehmen wir die Spur des Rheinsteigs wieder auf. Durch den Römergraben marschieren wir zur Bayerstraße. Dieser Wall geht nicht auf Caesar, sondern auf mittelalterliche Zeiten zurück, als er zu einer Wallanlage gehörte.

An der Tennisanlage biegen wir links in den Wald ab, statten aber der freien Flur noch einmal einen Besuch ab. Denn dort bietet sich an einer kleinen Hütte eine traumhaft schöne Aussicht (2) aufs Neuwieder Becken. Anschließend tauchen wir endgültig in den Wald ein und beginnen auf teils recht steilem Serpentinenpfad den Abstieg Richtung Wiedtal.

An einem Waldsee flacht der Weg ab und der Wasserlehrpfad gesellt sich zum Rheinsteig. Gemütlich wandern wir zur schönen Aussicht am Almblick (3). Umgeben von üppigen Wäldern, öffnet sich uns ein traumhafter Blick auf die Wied. Doch noch sind wir nicht unten. Der angenehm zu laufende Waldweg bringt uns nur 500 m später zu einer Weggabelung: Der Rheinsteig macht hier einen scharfen Knick nach rechts. Wir wollen aber dem nur etwa 200 m davon entfernten Melsbacher Wasserfall einen Besuch abstatten und biegen dazu kurz nach links ab. Danach folgen wir dem Rheinsteig die letzten Höhenmeter hinab zur L 255.

Wir treffen unmittelbar gegenüber der Laubachsmühle (4) ein, die ursprünglich als Pulvermühle, später als Getreidemühle diente. Heute beherbergt sie einen Gastronomiebetrieb mit sehr schöner Gartenterrasse. Nach nur **3.4 km** ist es uns heute noch zu früh für

Steinbrücke in Altwied.

Blick zum Rhein bei Neuwied.

eine Einkehr, und so widmen wir uns der nächsten Pfadpassage des Rheinsteigs. Auf und ab führt der enge Steig durch die Hangflanke oberhalb der Straße. Klar, dass Aussichten nicht fehlen: Besonders der Blick von einer kleinen Hütte auf die Burg Altwied und die Bogen schlagende Wied beeindruckt.

Schließlich endet unser Waldpfad und mündet am Friedhof von Altwied auf die K 107, der wir nach rechts abwärts zur Burg folgen. Eindrucksvoll türmen sich nach 5.2 km die mächtigen Mauern der Ruine (5) über uns auf. Es gehört nicht allzu viel Fantasie dazu, sich das rege Burgleben des Mittelalters vorzustellen. Doch der Rheinsteig ruft und so verlassen wir Burg und Burgschänke, queren über eine alte Schieferbrücke die Wied und setzen unsere Wanderung fort. Kurz nach der Brücke trennen sich Rheinhöhenweg und Rheinsteig. Wir biegen nach links und befinden uns in lichtem Gehölz. Nachdem wir den Moorbach überwunden haben, öffnet sich das Gelände, und an einer Wiese

wenden wir uns nach rechts aufwärts. Pferdekoppeln liegen am Weg, und der ein oder andere Vierbeiner kommt neugierig angetrabt. Die zahlreichen Richtungswechsel sind gut markiert, so dass wir ohne Irrweg weiter aufsteigen und am Waldrand nach 7.3 km auf einen Lehrpfad treffen.

Nun wandern wir zur nahen K 110 (6) und setzen auf der anderen Seite die Tour, leicht abwärts laufend, fort. Bald wird die Wiese, die uns von der Straße an begleitet hat, vom Wald abgelöst. An einem kleinen Pavillon vorbei, laufen wir gerade in das Waldtal hinein. Schließlich queren wir den sanft plätschernden Aubach am Abzweig nach Monrepos (😊 S. 92).

Ein kurzer Anstieg führt zum offenen Feld und der neuen Schutzhütte in Nähe des Tierheims. Es folgen ein Waldstück, ein Hohlweg zum rauschenden Bach und wieder ein Anstieg zum Waldrand, wo links eine Hütte wartet.
Jetzt liegt offenes Gelände vor uns, bei

klarem Wetter bedeutet das fantastische Aussicht. Wir steuern zwei sehr markante, riesige Kastanienbäume (7) an, neben denen wir nach **10 km** über eine Wiese, die auch als Weide dient, abwärts zum Talgrund laufen. Unten geht es über den Buchbach und weiter zu einem Denkmal, das an die Gefallenen des 2. Weltkrieges erinnert. Um wieder auf das freie Plateau zu gelangen, folgen wir einem Waldweg aufwärts.

Oben öffnet sich dann der Blick über das weit offene Rheintal – grandios! Wir laufen über freies Feld – und genießen von einer Hütte (8) nach **12.7 km** den herrlichen Blick über das Neuwieder Becken und bis weit hinein in die Eifel mit den markanten Vulkankegeln. An klaren Tagen reicht die Aussicht sogar bis weit über Koblenz hinaus. Dann führt der Rheinsteig auf engem Pfad in den Wald und steil hinab zum plätschernden Kehlbach.

Als der Wald zurückweicht, treffen wir am Wasserpark (9) ein, der das alte Freibad zu einer coolen Attraktion macht – genau das richtige, um müde Füße wieder munter zu machen. Ockerfarbene Zuwege-Logos führen uns vom Wasserpark aus auch mühelos zur nächsten Bushaltestelle im Ortsteil Wollendorf.

Wir folgen nach der erquickenden Rast dem Rheinsteig noch einmal bergan, bevor wir an der Hüllenberger Straße in Feldkirchen-Gönnersdorf (10) die Tour nach **15.1 km** an der „Rheinsteig-Rast" beenden.

Info ✂ Tour 14

ℹ Pavillon Luisenplatz, Marktstraße 59, 56564 Neuwied
📞 02631/8025555 ⏱ www.neuwied.de

🍴 Laubachsmühle, 56567 Neuwied
📞 02631/55531 ▶ 0 km
▪ Das Steakhaus, Wiedtal 62, 56567 Neuwied/Altwied 📞 02631/957595 ▶ 0 km
▪ Bistro Mon Appetit im Museum der Forscher, Monrepos, 56567 Neuwied Mo. Ruhetag 📞 02631/ 97720 ▶ 1 km

🛏 Hotel Waldterrasse, Nonnenley 7, 56579 Rengsdorf 📞 02634/8338 ▶ 0.2 km
▪ Alt Wollendorf, Feldkircher Str. 44, 56564 Neuwied-Feldkirchen 📞 02631/71130 ▶ 0.4 km
▪ Wohnmobilstellplatz am Bootshafen Rheinstr. 180, 56564 Neuwied 📞 02631/8025555 ⏱ www.neuwied.de

🚌 Von Neuwied fährt Buslinie 101 nach Rengsdorf und die Linien 55, 66 und 76 fahren nach Feldkirchen. ⏱ www.vrminfo.de

🚕 Taxi Kurier 📞 02631/55555

❗ Für eine außergewöhnliche Tour verlässt man den Rheinsteig bei Wollendorf und folgt dem Zuweg nach Neuwied. Dort lockt das Deichinformationszentrum.
Bei Monrepos beginnt ebenfalls der Premium-Rundwanderweg „Fürstenweg". (▶ Buchtipp: Rheinschleifen)

🙂 Das Schloss der Forscher in Monrepos bietet interessante Führungen und Rundgänge zum Leben in der Steinzeit. ⏱ www.museum-monrepos.de

Burg Altwied

Einmalige Stammburg derer zu Wied

Bereits 1129 gab Graf Metfried zu Wied den Bau seiner Stammburg im Wiedtal in Auftrag. Zur Blütezeit im 13. und 14. Jahrhundert zog die mächtige Burganlage viele Leute an, und so entstand die Siedlung Altwied. Die im 16. Jahrhundert ergänzten Geschützbastionen bewahrten die Burg davor, erstürmt oder gar zerstört zu werden. Doch schon im 17. Jahrhundert war der Untergang der stolzen Altwieder Burg besiegelt: Die Grafen zogen in den Neubau nach Neuwied und gaben ihren alten Stammsitz dem Verfall preis. Heute sorgt für ihren Erhalt ein Förderverein, der auch interessante Führungen anbietet. ✆ 02631/958053 und 02631/58193.

WEIN UND WASSER

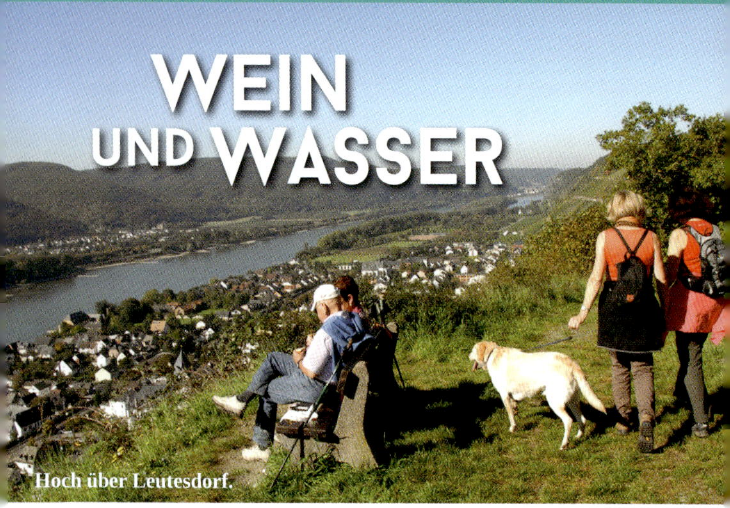

Hoch über Leutesdorf.

- **Start:** Feldkirchen
- **Ziel:** Rheinbrohl
- **Gesamtlänge:** 15.4 km
- **Gesamtzeit:** 4 Std. 40 Min.
- **Anspruch:**
- **Kalorien:** ♀ 1108 ♂ 1300
- **Tour Download:** E15TX1PR

- **Anfahrt und Rückfahrt:** Neuwied-Feldkirchen und Rheinbrohl sind über die B 42 durch das Rheintal erreichbar.

- **Parken:**
- Leutesdorf
  N50° 26' 47.2" • E7° 23' 36.9"
- Edmundshütte
  N50° 27' 30.2" • E7° 23' 19.7"
- Hammerstein
  N50° 28' 55.1" • E7° 21' 09.0"
- Zehnthofplatz Rheinbrohl
  N50° 29' 38.9" • E7° 20' 01.2"

- **Wegpunkte:**
  P1: Feldkirchen 32 U 387634 5590095
  P2: Hüllenberger Stolperstein
    32 U 386767 5589389
  P3: Edmundshütte
    32 U 385411 5590516
  P4: Bachhof 32 U 384065 5591619
  P5: Abzweig Ruine Hammerstein
    32 U 383522 5592381
  P6: Parkplatz Hammerstein
    32 U 383115 5593519
  P7: Rheinbrohler Ley
    32 U 382221 5593908
  P8: Rheinbrohl 32 U 381934 5594833

scan to go

QR-Code aus der App „traumtouren" einscannen und Route anzeigen lassen.

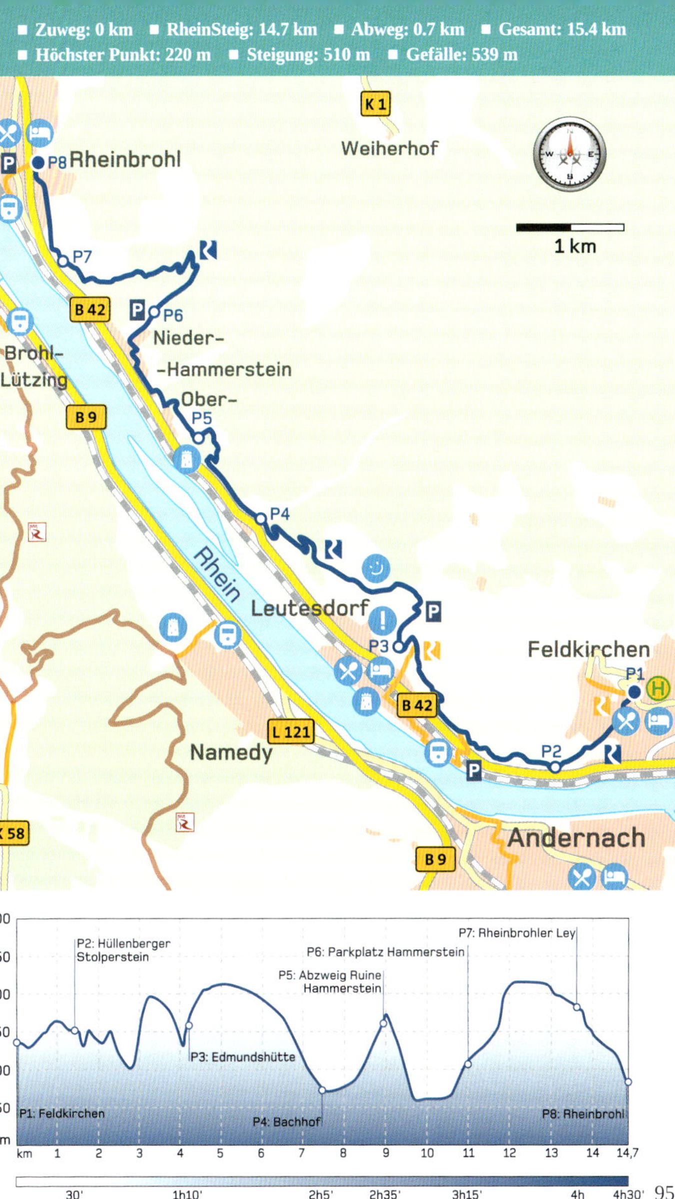

Zuweg: 0 km
RheinSteig: 14.7 km
Abweg: 0.7 km
Gesamt: 15.4 km
Höchster Punkt: 220 m
Steigung: 510 m
Gefälle: 539 m

K 1
Weiherhof
1 km
P8 Rheinbrohl
P7
B 42
P
P6
Nieder-
-Hammerstein
Ober-
P5
Brohl-
Lützing
B 9
Rhein
P4
Leutesdorf
P
P3
Feldkirchen
P1
H
B 42
Namedy
L 121
P2
P
K 58
Andernach
B 9

300
250
200
150
100
50
m

P2: Hüllenberger
Stolperstein
P7: Rheinbrohler Ley
P6: Parkplatz Hammerstein
P5: Abzweig Ruine
Hammerstein
P3: Edmundshütte
P1: Feldkirchen
P4: Bachhof
P8: Rheinbrohl

km 1 2 3 4 5 6 7 8 9 10 11 12 13 14 14,7

30'   1h10'   2h5'   2h35'   3h15'   4h   4h30'

Was haben Weinberge, ein Geysir und die Reichsinsignien gemeinsam? Der Rheinsteig bietet uns auf dieser Etappe durch die vom Weinbau geprägte Landschaft nicht nur einen erstklassigen Blick auf den Geysir bei Namedy, sondern führt uns auch zur Ruine Hammerstein, wo einst Reichsapfel, Zepter und Krone verwahrt wurden.

Mitten in Neuwied-Feldkirchen an der Hüllenberger Straße (1) legen wir heute los. Über Laygasse und Rheinheldestraße verlassen wir den Ort und erklimmen über eine Waldtreppe das Rheinplateau. Der Rheinsteig verläuft, stets hart an der Hangkante, durch eine abwechslungsreiche Landschaft aus kurzen Niederwaldabschnitten, Weinbergen, die zum Teil brachliegen und weiten Feldern. Amüsant, aber nicht unbedingt wörtlich zu nehmen, ist die Passage am Weinberg Hüllenberger Stolperstein: Ins Stolpern gerät höchstens, wer nach 1.3 km bei der tollen Aussicht auf den Rhein (2) vergisst, ein wenig auf den Weg zu achten. Der Pfad führt auf diesem Abschnitt nicht nur durch eine häufig wechselnde Umgebung, sondern auch auf und ab, was für zusätzlichen Reiz sorgt. Dabei vermittelt uns der Rheinsteig immer wieder das Gefühl, mitten in der Natur zu sein und die umliegende Kulturlandschaft positiv zu erfahren. So ein Erlebnis wird uns nach einem Serpentinenanstieg auf die Hochfläche beschert: Zunächst wandern wir dort durch freies Feld, an einer Kapelle vorbei, gelangen dann aber nach 1.8 km auf einem Felsensporn zu einer Bank mit traumhaft schöner Aussicht auf den Rhein und das gegenüberliegende Andernach. Pfadig geht es weiter, steht nun doch der Abstieg Richtung Leutesdorf an. Auf alten Weinbergsstiegen, die gute Trittsicherheit erfordern, nähern wir uns dem Weinort.

Aufstieg am Sonnenweg

Mitten durch die Weinberge, wo das Wingertshäusje als Unterschlupf bei schlechtem Wetter bereit steht, steigen wir hinunter, bis wir auf einen breiten Wirtschaftsweg stoßen. Dieser führt uns, bei bester Sicht auf den sehenswerten Weinort Leutesdorf, auf etwa 100 m Höhe durch die Reben.

Achtung, bei aller Begeisterung für das Panorama dürfen wir nach insgesamt **2.7 km** nicht den Abzweig zum Sonnenweg verpassen. Dieser wiederbelebte steile Weinbergspfad zweigt nach rechts ab und verlangt uns beim Aufstieg bis knapp unter die Hangkante einiges an Kraft ab. Auch hier ist Trittsicherheit vonnöten, Wanderstöcke erweisen sich auf solchen Passagen als hilfreich. Die kunstvollen Trockenmauern sind vor allem an sonnigen Tagen begehrte Plätze bei den zahlreichen Eidechsen, und wir können beim Beobachten der flinken Miniechsen ein wenig Verschnaufen. Knapp 60 Höhenmeter weiter oben ist die Kraxelei vorerst beendet, denn wir dürfen uns links auf den weichen Wiesenweg begeben. Diesem folgen wir bei bester Aussicht zum Haus Vogelsang.

Dort wird das Tal nicht komplett ausgelaufen, der Rheinsteig kürzt durch einen Schwenk nach links unten durch den Talgrund ab. Klar, dass es auf der anderen Seite wieder hoch geht. Noch höher hinaus muss man beim Aufstieg zur Edmundshütte (3), die sich nach 4 km in bester Logenlage am Hang über Leutesdorf und gegenüber dem Namedyer Werth mit dem Geysir präsentiert (S. 100). Danach steht uns eine echte Kletterei über die Felsklippen oberhalb der Hütte bevor. Für weniger Geübte steht aber ein Bypass zur Verfügung.

Wir lassen das Naturschutzgebiet Langenbergskopf hinter uns, erreichen an einer Teerstraße eine Hütte und wenden uns nach links. Nur 100 m später biegen wir nach rechts auf einen Feldweg ab. Hier erwartet uns eine wunderbare Mischung aus kurzen Waldpartien mit Lianenranken, die zahlreich von den Bäumen herab hängen, Weinbergen und Streuobstwiesen, wobei uns besonders der Apfellehrpfad interessiert. Wildgatter schützen vor den zu eifrigen Wildschweinen, Aussichten auf das Rheintal ergänzen diesen tollen Abschnitt.

Durch Wald geht es abwärts zum Bachhof (4), den wir nach insgesamt 7.3 km passieren. Ein Weinbergsweg führt uns parallel zur B 42 bergan, bald wird er von einem Feldweg abgelöst, der stramm aufwärts verläuft. Am Abzweig zur Ruine Hammerstein (5) (unbedingt den kurzen Abstecher zur eigentlichen Ruine machen!) werden wir nach 8.8 km für die Mühen entschädigt. Die anschließende Querung einer Wiese und der Abstieg nach Oberhammerstein lassen uns mit der Natur auf Tuchfühlung gehen. Von den wenigen Häusern Ober-

hammersteins gelangen wir über einen Teerweg mitten durch die mannshohen Reben nach Niederhammerstein, wo wir nach 10.8 km an der Kirche nach rechts ins Tal zum dortigen Parkplatz (6) laufen. Noch bleiben wir dem Hammersteiner Bach treu, wenden uns dann aber am Wegweiser Rheinbrohl nach links dem vorletzten Anstieg des Tages zu. Dieser gestaltet sich anstrengend, aber kurzweilig.

Nach dem Waldanstieg empfangen uns auf dem Rheinplateau Wiesen, Felder und Hecken. Wir folgen der Hangkante auf toller Strecke, durchqueren auf erdigen Pfaden ein kleines Tal, bis wir 13.5 km an der Schutzhütte auf der exponierten Rheinbrohler Ley (7) eintreffen.

! Der Rheinsteig-Abschnitt nördlich und südlich der Rheinbrohler Ley erfordet streckenweise gute Trittsicherheit. Zudem führt er teilweise durch einen aus Naturschutzsicht sensiblen Bereich. Bitte bleiben Sie auf den Wegen!

Der Ausblick ist einfach grandios, und es fällt uns schwer, uns wieder auf den Weg zu machen. Gleich nach der Aussicht passieren wir ein Ehrenmal und laufen auf grasigem Pfad durch Streuobstgelände abwärts. Ein Teerweg führt uns schließlich die letzten Meter hinab zum Etappenziel Rheinbrohl (8), wo wir nach insgesamt 14.7 km eintreffen.

Blick vom Traumpfädchen „Kleiner Stern"
auf Leutesdorf und den Rheinsteig.

Winzertipps.

⚠️ Winzer für ein Jahr können in Leutesdorf auch Gäste werden: Bei Martin Sturm lernen Sie über ein gesamtes weinbauliches Jahr hinweg den Weinbau von der Pike auf. Und Sie dürfen danach Ihren selbst erzeugten Wein mit nach Hause nehmen. Infos: Öko-Weingut Sturm.
☎ 02631/9476026
🕐 www.sturm-weingut.de

Geysirblick.

⚠️ Direkt am Rheinsteig bei Leutesdorf liegt am Rand des Naturschutzgebiets Langenbergskopf die Edmundshütte. Sie bietet einen echten Logenplatz, wenn man dem größten Kaltwassergeysir Europas auf dem Namedyer Werth zuschauen möchte! Rund alle 100 Minuten steigt die Fontäne bis über die Baumwipfel.

ℹ️ Pavillon Luisenplatz, Marktstraße 59, 56564 Neuwied
☎ 02631/8025555 🕐 www.neuwied.de

🍴 Brombeerschenke, Hof Haselberg, 56599 Leutesdorf ☎ 02631/71242
▷ 0.9 km
■ Edmundshütte, Leutesdorf
🕐 in der Saison Fr.–So. geöffnet
☎ 02631/75383 ▷ 0 km
■ Cafe Pension am Rheinsteig, Rheinstr. 14, 56599 Leutesdorf
☎ 02631/9233459
🕐 www.cafe-am-rheinsteig.de ▷ 1.4 km
■ Landhaus Arienheller, Arienheller Str. 9, 56598 Rheinbrohl ☎ 02635/5923
◁▷ 0.6 km

🛏️ Hotel Leyscher Hof am Zolltor, August-Bungert-Allee 9, 56599 Leutesdorf ☎ 02631/73133 ▷ 1.4 km
■ Jugendherberge Kloster Leutesdorf, Rheinstr. 25, 56599 Leutesdorf
☎ 02631/95674100 ▷ 1.4 km
■ Campingplatz Leutesdorf Campingplatz 1, 56599 Leutesdorf
☎ 02631/978737 oder 978024
🕐 www.campingplatz-leutesdorf.de

🚌 Von Feldkirchen fahren die Buslinien 55, 66 und 76 zum Bahnhof Neuwied. Auch Rheinbrohl hat einen Bahnhof. 🕐 www.vrminfo.de

🚕 Taxi Schröder ☎ 02635/3330

🙂 Alles Apfel? Oberhalb von Leutesdorf streift der Rheinsteig den Verlauf des Apfellehrpfads. Dieser Themenweg führt durch Streuobstwiesen und macht auf die Vielfalt im Apfelreich aufmerksam.

Hort der Reichsinsignien

Bis ins 10. Jahrhundert gehen die Ursprünge der einst mächtigen Rheinfeste Hammerstein zurück. Die Konradiner waren die Bauherren der Burg, die hoch über dem Fluss thront und im frühen Mittelalter (um 1125) zeitweise sogar Heimat der Reichsinsignien gewesen ist. Im 30-jährigen Krieg besetzten lothringische Truppen die Burg – und nutzten sie als Stützpunkt für Beutezüge in der Umgebung. Während einige Überlieferungen davon ausgehen, dass Franzosen Hammerstein um 1650 sprengten, war es aber offenbar der eigene Landesherr von Trier, der die Burg um 1654 schleifen ließ. Seit dieser Zeit verfiel die Ruine zusehends. Von den Resten der Burg haben Besucher einen fantastischen Ausblick auf das Rheintal – und bis ins Neuwieder Becken.

16 Rheinbrohl nach Linz

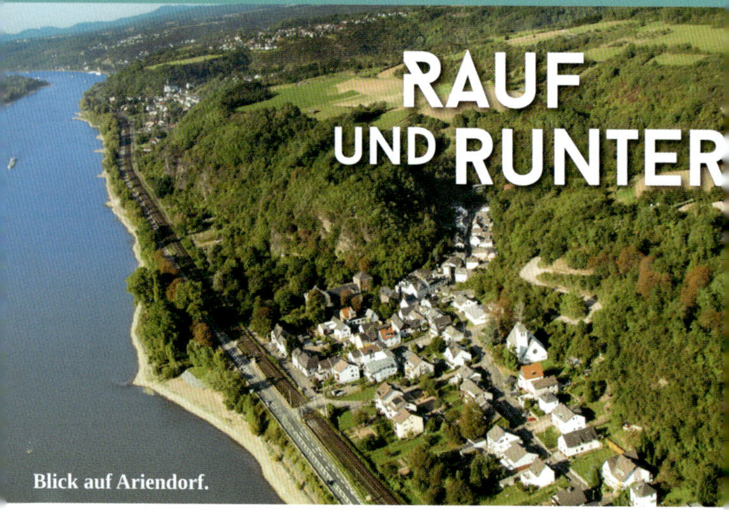
RAUF
UND RUNTER
Blick auf Ariendorf.

- **Start:** Rheinbrohl
- **Ziel:** Linz
- **Gesamtlänge:** 19.9 km
- **Gesamtzeit:** 6 Std. 15 Min.
- **Anspruch:**
- **Kalorien:** ♀ 1431 ♂ 1679
- **Tour Download**: E16T10XR

- **Anfahrt und Rückfahrt:** Sowohl Rheinbrohl als auch Linz sind durch das Rheintal über die B 42 erreichbar.

scan to go

QR-Code aus der App „traumtouren" einscannen und Route anzeigen lassen.

- **Parken:**
- Zehnthofplatz Rheinbrohl
  N50° 29' 38.9" • E7° 20' 01.2"
- Therme Hönningen
  N50° 30' 47.6" • E7° 18' 25.2"
- Sportplatz Dattenberg
  N50° 33' 38.1" • E7° 17' 31.3"
- Linzhausenstraße Linz
  N50° 34' 02.1" • E7° 16' 38.1"

- **Wegpunkte:**

P1: Rheinbrohl 32 U 381934 5594833
P2: Adenauerhütte 32 U 381758 5595964
P3: Arienheller 32 U 381784 5596757
P4: Abzweig Bad Hönningen 32 U 380675 5597943
P5: Ariendorf 32 U 379249 5599054
P6: Marienstein 32 U 378501 5601482
P7: Dattenberg 32 U 379058 5601779
P8: Kaiserbergstadion 32 U 378605 5602810
P9: Linz 32 U 378243 5602997

L 256
Hähnen
Kripp
P9
Linz
Ronigerhof
P8
B 266
K 10
B 42
Dattenberg
Hesseln
P7
L 254
P6
Girgenrath
Leubsdorf
Ahr
Sinzig
Rhein
P5 Ariendorf
L 257
Bad Hönningen
B 9
P4
Arienheller
Nieder-
breisig
P3
P2
K 1
K 15
Bad Breisig
L 87
K 47
B 42
Oberbreisig
P1
Rheinbrohl
K 48
Rheineck
L 87
N
W   E
S
1 km

P2: Adenauerhütte
P8: Kaiserbergstadion
P4: Abzweig
Bad Hönningen
P7: Dattenberg
P1: Rheinbrohl
P5: Ariendorf
P6: Marienstein
P9: Linz
P3: Arienheller
300
250
200
150
100
50
m
km   1   2   3   4   5   6   7   8   9   10   11   12   13   14   15   16   17   18   19,2
1h   1h20'   2h   3h10'   4h30'   5h   5h45' 6h

Wir starten in Rheinbrohl (1), unweit der B 42. Zunächst führen uns die Rheinsteig-Logos am Rand der Bebauung entlang, bevor wir in offenem Wiesengelände nach rechts abbiegen. Nun wird der Wegverlauf anstrengender, denn einige Höhenmeter sind zu überwinden. Im Schatten des Waldes erobern wir den Hang und treffen bald auf einen breiteren Waldweg. Im Sommer setzt leuchtender Ginster farbenfrohe Akzente.

Am Waldrand angelangt, folgen wir dem Rheinsteig durch ein wogendes Wiesenmeer hinab ins Lampenthal und zum Lampenthalerhof. Nach Überwinden der K 1 ist wieder Kondition gefragt, denn auf weichen Naturwegen und Pfaden gilt es den Hungerberg zu erklimmen. Die herrliche und artenreiche Natur, aber auch der Ausblick zum Rheintal begeistern uns, und beschwingt setzen wir die Tour fort.

Nachdem wir den Abstieg vom Hungerberg gemeistert haben, erwartet uns nach 3.4 km die Adenauerhütte (2) und lädt zur Rast ein. Gestärkt setzen wir die Wanderung fort und laufen dabei, immer in der offenen Landschaft verweilend, nach Arienheller (3).

Vom Parkplatz des Arienheller Hofs lohnt nach 4.4 km ein kurzer Abstecher zur rekonstruierten Limespalisade und zur neuen „Römerwelt" (S. 106), bevor wir uns nach links wenden, den Bach queren und wieder parallel zum Rhein Richtung Bad Hönningen wandern.

An der Fußgängerunterführung (4) bei der Straße Hömshohl biegt der RV-Weg nach 6.4 km links ins Stadtzentrum ab. Wir lassen uns von den Rheinsteiglogos an den Stadtrand führen, wo es im Zickzack bergan geht. Bald haben wir die ersten Weinberge erreicht und genießen einen tollen Blick auf Schloss Arenfels und die Badestadt. Wir kämpfen uns weiter bergan und treffen nach insgesamt 8.2 km am Schafstall ein. Gleich neben dem Hof befindet sich eine große Kiesgrube, die uns einen Blick auf die zahlreichen Schotterschichten erlaubt, die der Rhein abgelagert hat. Ein schmaler Weg führt weiter an die Hangkante, wo uns ein fantastischer Aussichtsplatz hoch über dem Rheintal (vorsorglich mit Gittern gesichert!) erwartet.

Anschließend dürfen wir auf dem Abstieg nach Ariendorf durch eine beeindruckende Allee alter Kasta-nienbäume wandeln. Wir passieren eine Schutzhütte und treffen nach insgesamt 10 km in Ariendorf (5) ein. Feuerwehrhaus und Kirche liegen am Weg, und wir finden auch Zeit, die wunderschönen alten Fachwerkhäuser der kleinen Siedlung zu bewundern. Schon wenige Meter nach dem Ortsende verlassen wir den breiten Weg und steigen auf engstem Pfad steil bergan. Bei einem Hinweis zu einer nahen Aussicht mündet unser Pfad auf einen Feldweg, der uns an üppigen Hecken und weiten Wiesen entlangführt. Das nächste Plateau erfreut uns mit aufgelockerter Landschaft, und mit etwas Glück können wir Falken bei der Mäusejagd beobachten.

Wir wechseln mehrfach die Richtung, laufen unter einer Stromleitung hindurch, passieren eine Blutbuche mit einem Kreuz und beginnen an der Hütte Schafstall schließlich den Abstieg nach Leubsdorf. Wiesen, Hecken, Gärten und nicht zuletzt ein idyllischer Hohlweg mit Lianen begleiten uns in den Ort, den wir nach 12.9 km auf der Straße Im Graben betreten.

Der Rheinsteig führt uns von der Schwarzenbergstraße bald auf einen steilen, aufwärtsführenden Pfad, der in einen Teerweg mündet. Erneut geht es abwärts in den Weinort, und wir verlassen Leubsdorf nach insgesamt 13.8 km endgültig. Nun wandern wir durch lichten Wald entlang der Hangkante zum Marienstein (6), wo uns nach 14.5 km auch eine weite, schöne Aussicht erwartet. Wiesenpfade bringen uns über offenes Feld ins nah gelegene Dattenberg. Hier queren wir die Neubausiedlung, um nach 15.6 km zur Kirchstraße (7) zu gelangen.

Der Rheinsteig führt uns an einer Gedenkkapelle vorbei zum Sportplatz, den wir nach **16.5 km** erreichen. Dort betreten wir den nahen Wald. Eine schöne Passage durch den Hochwald führt uns um eine tief eingeschnittene Schlucht herum zu einem Grillplatz. Dass wir uns hier auf vulkanischem Boden bewegen, bezeugen auch die alten Basaltsteinbrüche der Umgebung.

Ein Pfad bringt uns in Serpentinen bergan zum Kaiserbergstadion (8). Ein toller Blick auf das mittelalterliche Städtchen belohnt uns nach **18.4 km** für die Anstrengungen. Jetzt ist es nicht mehr weit: Über einen bequemen Weg gelangen wir in den alten Stadtkern von Linz, wo am Marktplatz (9) unsere Wanderung nach **19.2 km** endet.

Info 🥾 Tour 16

ℹ️ Tourist-Info Linz, Am Marktplatz, 53545 Linz 📞 02644/981125
🕐 www.linz.de

🍴 Im Bauernstübchen Arienheller 17, 56598 Rheinbrohl 📞 +49(0)2635/2161 ▷ 0 km
■ Gasthaus-Hotel „Bit-Eck", Hauptstraße 128, 53557 Bad Hönningen 📞 02635/920181 ▷ 1.3 km

🛏️ Weingut W. Unkel, Mozartstraße 1, 56598 Rheinbrohl 📞 02635/1398 ▷ 0.6 km
■ Hotel Restaurant Zur Mühle, Mühlengasse 17, 53545 Linz 📞 02644/3224 ▷ 0.1 km
■ Hotel Palm, Vor dem Leetor 13, 53545 Linz 📞 02644/2532 ▷ 0.4 km
■ Lido Camping Bad Hönningen Allée St. Pierre les Nemours 1 53557 Bad Hönningen 📞 02635/923585 🕐 www.camping-bad-hoenningen.de

🚌 Rheinbrohl und Linz sind gut mit der Bahn erreichbar.
🕐 www.vrsinfo.de

🚕 Taxi Jünger 📞 02644/2255

❗ Am Limes bei Bad Hönningen lädt die „RömerWelt" zur Zeitreise ein. Multimedia Präsentationen und Mitmachstationen führen auf die Spur der Römer.
🕐 www.roemer-welt.de

🙂 Ein seltenes Erlebnis verspricht zwischen Karfreitag und dem letzten Sonntag im Oktober die Kasbachtalbahn. Von Linz aus geht es auf der stillgelegten Bahnstrecke mit einem historischen Schienenbus ins Kasbachtal. 📞 02644/808803

Das Schloss des Jahres

Das auch als Schloss des Jahres bekannte Gebäude in den Weinbergen oberhalb von Bad Hönningen geht auf Gerlach von Isenburg zurück, der die Burg im Jahre 1258 in Auftrag gab. Das im 16. und 17. Jahrhundert im neugotischen Stil umgebaute Schloss erfreut heute mit einer prächtigen Außenfassade. Die Innenräume sind sehenswert. Erwähnenswert sind vor allem das Treppenhaus mit seiner einzigartigen neugotischen Eisentreppe der Sayner Hütte, der Rittersaal, der rote Salon sowie das Innere des achteckigen Turmes mit wunderschönen Gewölben. Das Schloss befindet sich im Privatbesitz.

SAGENHAFTE
RHEINBLICKE

Die Erpeler Ley.

- **Start:** Linz
- **Ziel:** Bad Honnef
- **Gesamtlänge:** 20.3 km
- **Gesamtzeit:** 6 Std.
- **Anspruch:**
- **Kalorien:** ♀ 1346 ♂ 1580
- **Tour Download:** E17TX9PR

- **Anfahrt & Rückfahrt:** Sowohl Linz als auch Bad Honnef sind durch das Rheintal über die B 42 erreichbar. In Linz und Bad Honnef gibt es eine Autofähre, zwischen Remagen und Erpel verkehrt eine Personenfähre.

- **Parken:**
- Linzhausenstraße Linz
  N50° 34' 02.1" • E7° 16' 38.1"
- Stuxhöhe L 252
  N50° 35' 58.9" • E7° 13' 37.1"
- Rheinpromenade Bad Honnef
  N50° 38' 39.9" • E7° 13' 02.6"

- **Wegpunkte:**
  P1: Linz 32 U 378243 5602997
  P2: Burg Ockenfels
      32 U 377698 5603956
  P3: Kasbachtalstraße
      32 U 376916 5604853
  P4: Erpeler Ley
      32 U 375895 5604909
  P5: Orsberger Brunnen
      32 U 375786 5605852
  P6: Wasserfall an L 252
      32 U 374468 5606825
  P7: Auge Gottes
      32 U 377884 5609665
  P8: Abzweig Bad Honnef
      32 U 376013 5611232

scan to go

QR-Code aus der App „traumtouren" einscannen und Route anzeigen lassen.

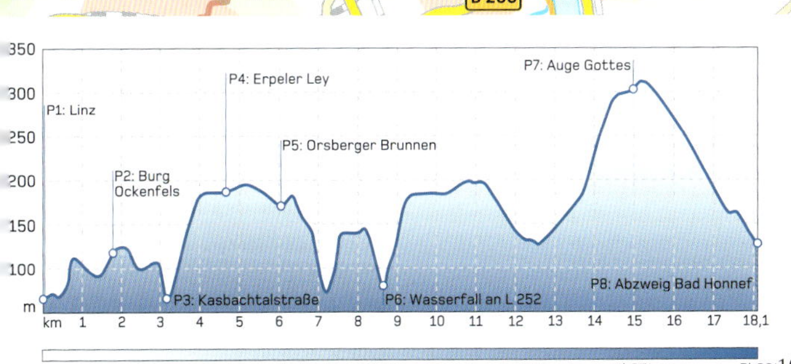

- Zuweg 0 km ■ RheinSteig 18.1 km ■ Abweg 2.2 km ■ Gesamt 20.3 km
- Höchster Punkt: 310 m ■ Steigung: 601 m ■ Gefälle: 540 m

Bad Honnef
P8
Rolandswerth
Beuel
Selhof
B 42
1 km
L 253
B 9
K 23
P7
Rheinbreitbach
Kalenborn
Oberwinter
Birkig
305
K 41
Scheuren
L 252
K 40
P6
Bruchhausen
L 253
K 22
Unkel
Orsberg
P5
-Ohlenberg
Erpel
Kasbach-
K 21
Rhein
P4
P3
L 79
B 42
Ockenfels
P2
L 251
Remagen
Linz
L 256
B 9
P1
Kripp
Bad Bodendorf
B 266

350
300
250
200
150
100
m
P1: Linz
P2: Burg Ockenfels
P3: Kasbachtalstraße
P4: Erpeler Ley
P5: Orsberger Brunnen
P6: Wasserfall an L 252
P7: Auge Gottes
P8: Abzweig Bad Honnef
km 1 2 3 4 5 6 7 8 9 10 11 12 13 14 15 16 17 18,1
30' 1h 1h30' 2h 2h45' 4h25' 5h30'

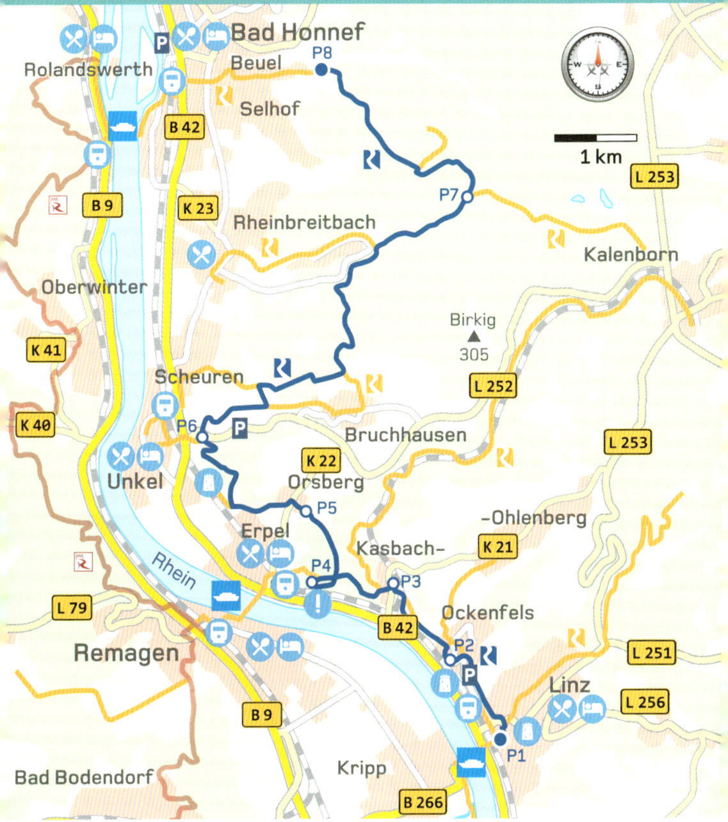

Heftige Aufstiege, tolle Aussichten – und eine Naturattraktion erster Klasse: Auf der Erpeler Ley stehen wir direkt auf einem der mächtigsten Basaltfelsen des Rheintals! Voraus wacht das Auge Gottes über die Rheinsteiger, die nun deutlich mehr durch den Wald wandern.

Am Marktplatz in Linz (1) machen wir uns zur heutigen Tour nach Bad Honnef auf, die ordentlich Kraft kostet. Kaum haben wir das quirlige wie nostalgische Stadtzentrum hinter uns, beginnt von der Martinusstraße aus der erste Anstieg. Oberhalb des Bahnhofs erreichen wir einen herrlichen Aussichtsplatz und können kurz durchatmen. Doch bald neigt sich unser Weg wieder abwärts, und wir finden uns wenig später in der Burgstraße wieder. Nach 1.7 km ragt vor uns Burg Ockenfels (2) auf. Wir genießen den tollen Ausblick und wandern über die Wiese weiter. Einige Häuser begleiten uns noch, doch bald schwenken wir in den niedrigen Wald Richtung Kasbach.

> **!** Unterwegs bietet die Erpeler Ley Vergnügen für Jung und Alt. Das markante Plateau, das sich hoch über dem Rhein auf einem Basaltfelsen erstreckt, offenbart einen der schönsten Ausblicke auf diesen Rheinabschnitt und die Reste der bekannten Brücke von Remagen.

Nach insgesamt 2.9 km stoßen wir auf die Gleise der Kasbachtalbahn und auf ein Viadukt. Direkt hier geht es steil im Wald abwärts, an einem der Pfeiler der Brücke erreichen wir das Kasbachtal. Wir laufen unter der Brücke hindurch und treffen auf die Hauptstraße von

Kasbach (3), queren diese und steigen bei einem Trafohäuschen sehr steil bergauf. Treppenstufen und Bohlen gliedern den vor allem an nassen Tagen sehr schlüpfrigen Pfad. Außer Atem erreichen wir eine tolle Wiese und können unsere Wanderung nun sehr viel gemütlicher im nahen Wald fortsetzen. Nach 4 km stehen wir am Beginn der Schleife zur Erpeler Ley. Wir biegen links ab und freuen uns kurz darauf über die sagenhafte Aussicht (4) vom Basaltplateau. Nach Vollendung der Schleife folgen wir dem Rheinsteig links durch

den Wald, wo sich eine Hütte zur Rast
anbietet. Wenig später öffnet sich die
Waldkulisse, und wir erspähen Orsberg.
Ein kurzer Abstieg zum Orsberger
Brunnen (5), dann einige Meter über die
Streuobstwiese bergan und schon haben
wir das Zentrum von Orsberg erreicht.
Wir passieren den modern gestalteten
Basaltbrunnen an der Hauptstraße und
lassen nach insgesamt 6.7 km die kleine
Gemeinde hinter uns. Ein Wiesenpfad
leitet uns bei toller Aussicht abwärts zu
den Randbezirken um die ehemalige
Burg Vilzelt.

Wir wären nicht auf dem Rheinsteig,
wenn es nun nicht sofort wieder bergan
ginge! So folgen wir einem Waldweg
bergan, genießen dabei die Sicht auf
das linksrheinische Schloss Marienberg,
bis wir an einem Sendemast einen
Aussichtsplatz erklommen haben. Von
der Stuxhöhe blicken wir auf Unkel und
das Rheintal hinab. Im Wald erwartet
uns ein weicher Waldweg, der uns bald
entlang eines schmalen Wasserkanals
zum Bruchhauser Bach bringt. Direkt
an der L 252 erwartet uns nach 8.7 km
eine Erfrischung besonderer Art: Vom
Stuxberg rauscht ein kleiner Wasserfall
(6) zu Tal!

Wir queren die Landstraße und wissen
schon nach den ersten Schritten auf
dem steil, in Serpentinen nach oben
führenden Pfad: Jetzt ist wieder
Kondition gefragt. Gut 600 m später
haben wir Weinberge, Hecken und Wald
überwunden und ein Wegkreuz auf dem
Leidenberg erreicht. Übrigens: Wer die
Etappe in Unkel unterbrechen möchte,
um sich das sehenswerte Städtchen
nicht entgehen zu lassen, der kann hier
über reizvolle Lokalwege nach Scheuren und weiter nach Unkel absteigen.

Reste der Brücke
von Remagen.

Wir widmen uns nun aber der nur noch
mäßig ansteigenden Route über das
weite offene Feld. Eine Kastanienallee
steht auf dem Weg zum Campingplatz am Haanhof Spalier. Es folgt
eine Passage durch Jungwald, die uns
nach 11 km zum Ehrenfriedhof bei
Bruchhausen bringt. Nur 200 m später
heißt es links in den Wald abbiegen, der
uns bis zum Ende der Tour nicht mehr
loslassen wird. Gemütlich wandern
wir abwärts Richtung Ziegelei und alte
Schmelze, vor der wir aber scharf rechts
auf einen Pfad abzweigen. Nun dürfen
wir noch gemächlich am Hang das
Breitbachtal hinaufwandern.

Nach 13.6 km stoßen wir unweit der
Fahrstraße auf eine Weggabelung.

Wir halten uns rechts und laufen nun gemeinsam mit dem Vogelschutz- und Waldlehrpfad durch herrlichen Hochwald bergan. Der Weg wird zunehmend steiler, und wir geraten etwas außer Puste. Schließlich flacht der Weg ab, und bis wir beim Auge Gottes eintreffen, haben wir uns erholt.

Am Bildstock Auge Gottes (7) überschreitet der Rheinsteig den höchsten Punkt für heute. Beim Abstieg zu den Resten der Barbarahütte passieren wir erstmals die neuen Wegweisersteine, die nun bis Bonn die klassischen Wegweiser ersetzen. Im weiteren Verlauf durchschreiten wir nach längerer Gefällstrecke eine kleine Mulde und queren dort einen Bach.

Ein kurzer Nadelwaldabschnitt führt uns schließlich zu einer umzäunten Waldweide. Jetzt sind es nur noch einige Meter, bis wir nach **18.1 km** den Rheinsteig kurz vor dem Mucherwiesental (8) für heute verlassen. Um nach Bad Honnef zu gelangen, wenden wir uns bei den ersten Häusern nach links und folgen dem R-Weg.

Info Tour 17

Bad Honnef, Rathausplatz 2, 53604 Bad Honnef ☎ 02224/9882746

Gaststätte Bergesruh, Erpeler-Ley-Plateau, 53579 Erpel ☎ 02644/3324 ▷ 0 km
■ Weinhaus Zur Traube, Lühlingsgasse 5, 53572 Unkel ☎ 02224/3315 ▷ 1.4 km
■ Hotel Scheurener Hof, Scheurener Str. 20, 53572 Unkel ☎ 02224/93640 ▷ 1.1 km

Rheinhotel Schulz, Vogtsgasse 4–7, 53572 Unkel ☎ 02224/901050
▷ 1.4 km
■ Gästehaus Korf, Vogtsgasse 2, 53572 Unkel ☎ 02224/3315
■ Wohnmobilstellplatz Schulstraße / Ecke Kamener Straße 53572 Unkel ☎ 02224/3309
■ Wohnmobilstellplatz Siebengebirgsblick Rolandsecker Weg 8, 53619 Rheinbreitbach ☎ 02224/7796227
■ Campingplatz Unkel Marweg 2, 53572 Unkel ☎ 02224/71103
■ Campingplatz und Biergarten „Auf dem Salmenfang" Mühlenweg 56, 53619 Rheinbreitbach ☎ 02224/4060
■ Camping Jillieshof, Ginsterbergweg 8, 53604 Bad Honnef ☎ 02224/972066
■ Jugendherberge Bad Honnef Selhofer Str. 106, 53604 Bad Honnef ☎ 02224 98981-0

Linz und Bad Honnef sind gut mit der Bahn erreichbar.
🚌 🕐 www.vrsinfo.de

Taxi Falkenau ☎ 02224/8569 oder: 02224/96799-0
■ Taxi Heinrich Gerd ☎ 02224/71919

Burg Ockenfels

Wechselvolle Geschichte

Ursprünglich trug die Burg den Namen ihrer ersten Eigentümer, der Herren zu Leyen. Im 14. Jahrhundert gelangte die Burg in den Besitz derer von Dattenberg und durch Heirat schließlich an Dittrich von Monreal. Im 17. Jahrhundert blieb der Burg das Schicksal zahlreicher Rheinburgen erspart, und sie überstand die Wirren des 30-jährigen Krieges glimpflich. Nach dem 2. Weltkrieg ging die Burg in den Besitz der Stadt Linz über, wurde in der Folge erst Schwesternwohn- und Altenheim, später dann Burghotel und Restaurant mit wechselnden Besitzern. Seit 1988 ist sie im Besitz der Familie Birkenstock, die die Räumlichkeiten der Burg als Präsentations- und Verwaltungssitz nutzt. Sie ist nicht mehr öffentlich zugänglich.

Blick auf Rhöndorf.

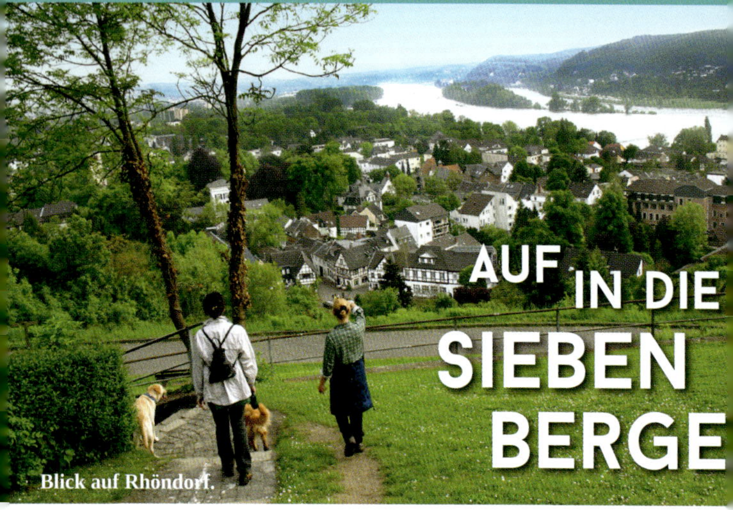

AUF IN DIE SIEBEN BERGE

- **Start:** Bad Honnef
- **Ziel:** Rhöndorf
- **Gesamtlänge:** 14.4 km
- **Gesamtzeit:** 4 Std. 15 Min.
- **Anspruch:**
- **Kalorien:** ♀ 873 ♂ 1025
- **Tour Download:** E18TX8PR

- **Anfahrt und Rückfahrt:** Sowohl Bad Honnef als auch Rhöndorf sind durch das Rheintal über die B 42 erreichbar. In Bad Honnef gibt es eine Autofähre.

- **Parken:**
- Rheinpromenade Bad Honnef
  N50° 38' 39.9" • E7° 13' 02.6"
- Drachenfelsstraße Rhöndorf
  N50° 39' 34.7" • E7° 12" 46.1"

- **Wegpunkte:**
  P1: Abzweig Bad Honnef
  32 U 376013 5611232
  P2: Querung Mucherwiesenbach
  32 U 377098 5611351
  P3: Schmelztalstraße
  32 U 376379 5612466
  P4: Löwenburger Hof
  32 U 376458 5614116
  P5: Abzweig nach Rhöndorf
  32 U 374102 5613760

scan to go

QR-Code aus der App „traumtouren" einscannen und Route anzeigen lassen.

■ Zuweg: 2.2 km ■ RheinSteig: 11.4 km ■ Abweg: 0.8 km ■ Gesamt: 14.4 km
■ Höchster Punkt: 358 m ■ Steigung: 419 m ■ Gefälle: 443 m

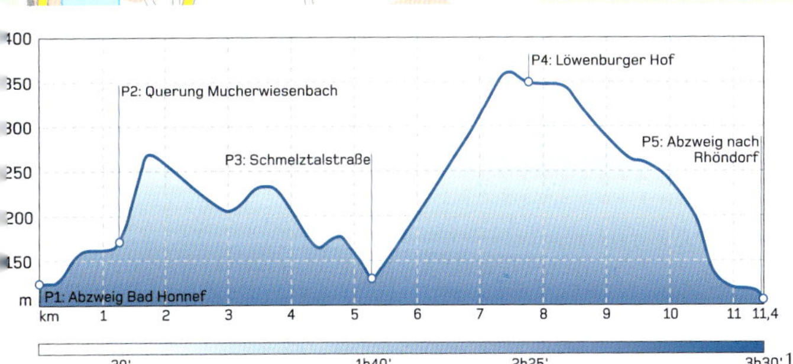

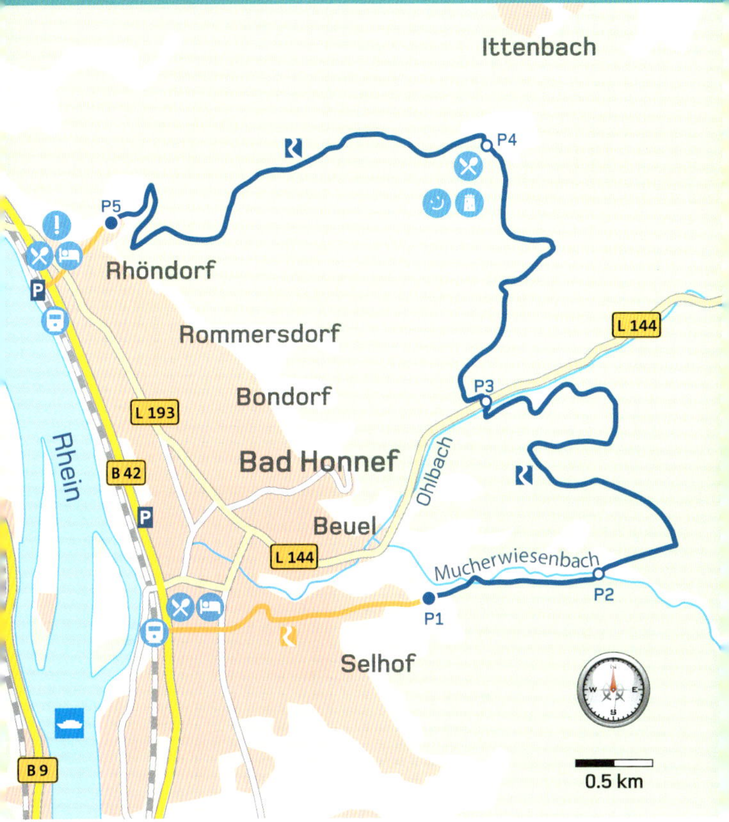

Wanderspaß pur verspricht diese waldreiche Tour durch das Siebengebirge. Mit dem Aufstieg zur Löwenburg kommen heute auch Gipfelstürmer auf ihre Kosten. Und am Schluss der Etappe von Bad Honnef nach Rhöndorf wandeln die Rheinsteiger noch auf Konrad Adenauers Spuren ...

Nach dem Aufstieg von Bad Honnef über den Rheinhöhenweg (weißes R) treffen wir kurz vor dem Mucherwiesental (1) wieder auf den Rheinsteig. An der großen Wiese biegen wir auf einen breiten, zunächst sogar geteerten Weg, der uns tiefer in das Mucherwiesental führt. Den munteren Bach stets zur Linken, gewinnen wir recht zaghaft an Höhe. Nach den letzten Gebäuden im Tal senkt sich der Weg langsam wieder ab. Nach 1.2 km queren wir schließlich auf einer großen Lichtung den Bach (2).

Nun wird es wieder mal so richtig anstrengend! Halb links führt der Rheinsteig auf einem in der Falllinie nach oben steigenden Waldweg sehr steil bergan. Wir kraxeln mühsam bergan und sind heilfroh, als nach 500 m und gut 100 Höhenmetern ein Querweg erreicht ist. Hier biegt der Rheinsteig auf den fast eben verlaufenden breiten Waldweg nach links ab. Rasch kommen wir wieder zu Kräften und können die Stille dieser Waldpassage, die uns im Bogen um den Wingstberg herumführt, in vollen Zügen genießen.

Nach insgesamt gut 2.9 km wandelt sich der federnde Waldboden allerdings zur Schotterpiste, die wir aber zum Glück nur etwa einen Kilometer ertragen müssen. Denn kaum haben wir die Höhe vollends erklommen, heißt es nach etwa 800 m nach dem Wegweiserstein an der Florianshütte gut aufpassen, um den Abzweig des Rheinsteigs nach

links auf einen abschüssigen Pfad nicht zu übersehen. Über einen Naturweg, der schon Züge eines Hohlwegs trägt, geht es Richtung Tal. Bald wandelt sich der Weg zum echten Pfad, und wir steigen in Serpentinen weitere Höhenmeter ab. Nach insgesamt 4.4 km enden die Serpentinen knapp oberhalb des Parkplatzes Schmelztal. Noch setzt sich der Waldweg nach links entlang der Böschung fort, bevor wir etwa 300 m später endgültig zur Straße absteigen. Neben einem Wasserrückhaltebecken queren

Blick auf Rhöndorf.

wir nach **5.3 km** den Ohbach und die
L 144 (3) und tauchen auf der anderen
Seite wieder in den üppigen Wald ein.

Wir befinden uns hier im Schmelztal,
einem alten Bergbaugebiet: Kupfer-
und bleihaltiges Erz wurde hier früher
abgebaut. Unsere momentane Höhe von
etwa 135 m über NN hat zur Folge, dass
uns nun ein Aufstieg von mindestens
200 Höhenmetern bevorsteht. Für
Rheinsteigverhältnisse nehmen wir diese Herausforderung aber recht gelassen
in Angriff. Stetig, aber nicht übermäßig
steil wandern wir auf dem Waldweg
aufwärts. Kontinuierlich erklimmen wir
das Poßbachtal, biegen dann vom Bach
weg und nähern uns dem nächsten Ziel,
der Löwenburg.

Der Rheinsteig selbst steigt nicht bis
auf den Gipfel des zweithöchsten
Berges des Siebengebirges, der von der
Ruine der Löwenburg gekrönt ist. Allerdings ist der Abstecher von zusätzlich
90 Höhenmetern hinauf auf den Berg
dringend zu empfehlen: Der phänome-
nale Ausblick und die beeindruckende
Ruine sind diese Zusatzanstrengung in
jedem Fall wert (S. 118).

Nach **7.8 km** winkt als Belohnung
direkt am Rheinsteig der Löwenburger
Hof (4). Nach dieser Einkehr liegen nur
noch knapp 4 km Gefällstrecke vor uns.
Ein Schotterweg führt uns über den
grasbewachsenen Sattel zur Weggabelung, wo wir nach links schwenken
und nach weiteren 400 m auf einen
tollen Pfad abbiegen. Dieser verläuft
zwischen dem kleinen und dem großen
Breiberg hindurch. Beim großen
Breiberg lohnt an der Hütte der kurze
Abstecher zum Teufelsstein, der eine
schöne Aussicht bietet.

Danach geht es nur noch abwärts durch
den schön gewachsenen Mischwald.
Schließlich gelingt es uns an einer
kleinen Lücke, an einigen Buchen
vorbei einen ersten Blick auf den
Höhepunkt der nächsten Etappe zu
werfen: Eingerahmt von den Bäumen
im Vordergrund, erhebt sich auf der
Spitze des Drachenfels die gleichnami-
ge Burgruine. Die Erstürmung dieses
Gipfels haben wir aber heute nicht mehr
im Programm. Wir folgen lediglich dem

Waldweg weiter abwärts und erreichen schließlich über einige Serpentinen den Talgrund. Wir laufen nun zum Ausgang des Rhöndorfer Tals und passieren dabei den Waldfriedhof von Rhöndorf. Das wohl berühmteste Grab hier ist das des ersten Bundeskanzlers der Bundesrepublik Deutschland, Konrad Adenauer. Nur 200 m später verlassen wir nach insgesamt **11.4 km** (ohne Löwenburg-Abstecher) den Rheinsteig (5) (Abzweig nach Rhöndorf) und laufen geradeaus weiter zu den nahen Häusern von Rhöndorf.

Bad Honnef, Rathausplatz 2, 53604 Bad Honnef ☎ 02224/9882746

Löwenburger Hof, Löwenburger Str. 30, 53639 Königswinter ☎ 02223/24446 ⊙ kein Ruhetag ⊕ www.loewenburger-hof.de ▷ 0.0 km

Avendi Hotel, Hauptstraße 22, 53604 Bad Honnef ☎ 02224/1890 ▷ 1.9 km
▪ Hotel Weinhaus Hoff, Löwenburgerstr. 18 & 35, 53604 Bad Honnef-Rhöndorf ☎ 02224/2342 ▷ 0.4 km
▪ Jugendherberge Bad Honnef Selhofer Str. 106, 53604 Bad Honnef ☎ 02224 98981-0

Bad Honnef und Rhöndorf sind gut mit der Bahn erreichbar. ⊕ www.vrsinfo.de

Taxi Esser ☎ 02223/22500 ▪ Taxi Ringen-Wessel ☎ 02223/19410 ▪ Taxi Krahe ☎ 02223/4696

Vielfältig ist das Freizeit- und Kulturangebot in Bad Honnef. Fachwerkhäuser, Adenauer-Haus, Kurhaus oder das restaurierte Aalfischerboot Aranka – hier ist wirklich für jeden etwas dabei.

Nicht weit vom Rheinsteig entfernt thront auf einem Berg die Ruine der Löwenburg. Ihre gesicherten Resten sind eine Attraktion für junge und alte Besucher.

Luftige Grenzburg

Im 12. Jahrhundert ließ Heinrich II., Graf von Sayn, zur Sicherung seiner Besitzungen die Löwenburg errichten. Sie sollte die Grenzen seines Territoriums gegen die benachbarten (feindlichen) Burgen des Kölner Erzbischofs verteidigen. Nach den sehr kriegerischen Zeiten des 16. und 17. Jahrhunderts verfiel die Löwenburg zur Ruine. Um 1980 wurden umfangreiche Restaurierungen durchgeführt und Fundamente der Mauern freigelegt. Heute kann man auf dem Gipfel des Berges die letzten Überreste der einst stolzen Burg beim Rundgang frei erkunden. Für den Anstieg auf den 455 m hohen Berg wird man zudem mit einer tollen Aussicht belohnt!

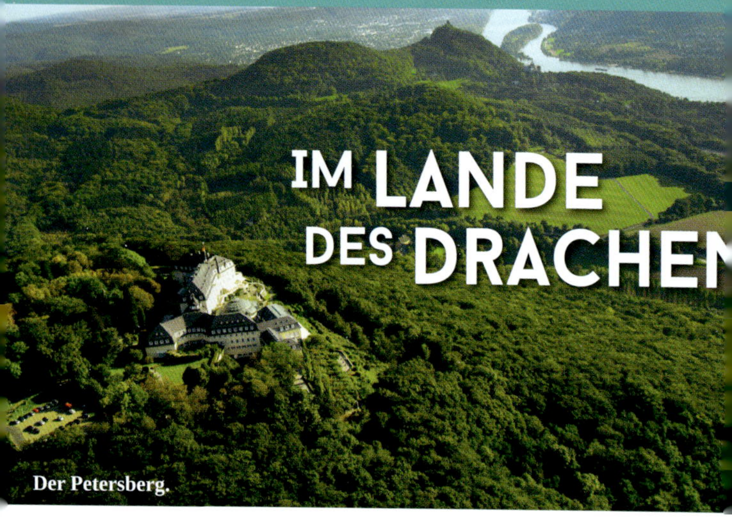

Der Petersberg.

- **Start:** Rhöndorf
- **Ziel:** Kloster Heisterbach
- **Gesamtlänge:** 14.0 km
- **Gesamtzeit:** 4 Std.
- **Anspruch:**
- **Kalorien:** ♀ 904 ♂ 1060
- **Tour Download:** E19TX7PR

- **Anfahrt:** Rhöndorf ist durch das Rheintal über die B 42 erreichbar.

- **Rückfahrt:** Kloster Heisterbach erreicht man vom Rheintal über Oberdollendorf mit der L 268.

- **Parken:**
- Oberweingartenweg Rhöndorf
  N50° 40' 29.9" • E7° 12' 03.4"
- Petersberg
  N50° 41' 02.2" • E7° 12' 37.8"
- Kloster Heisterbach
  N50° 41' 46.8" • E7° 12' 41.7"

- **Wegpunkte:**
  P1: Abzweig Rhöndorf
      32 U 374102 5613760
  P2: Terrasse Drachenfels
      32 U 373527 5614035
  P3: Schloss Drachenburg
      32 U 373340 5614601
  P4: Milchhäuschen
      32 U 374421 5614839
  P5: Geisberg 32 U 375076 5614661
  P6: Steg über L 331
      32 U 374864 5615522
  P7: Aussicht Petersberg
      32 U 373296 5616482
  P8: Kloster Heisterbach
      32 U 373659 5617574

scan to **go**

QR-Code aus der App „traumtouren" einscannen und Route anzeigen lassen.

■ **Zuweg:** 0.8 km ■ **RheinSteig:** 11.0 km ■ **Abweg:** 2.2 km ■ **Gesamt:** 14.0 km
■ **Höchster Punkt:** 331 m ■ **Steigung:** 522 m ■ **Gefälle:** 474 m

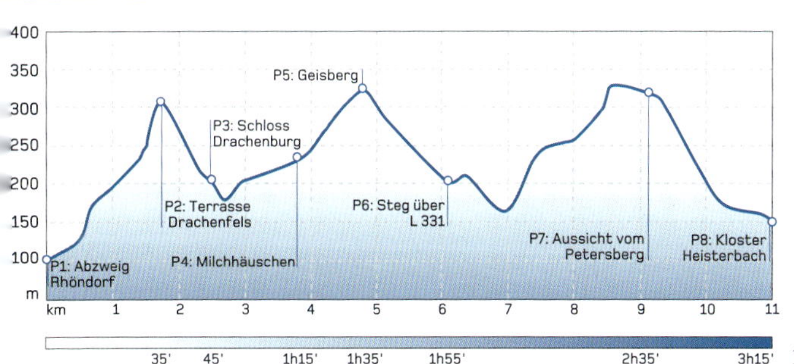

Stolz reckt sich der Drachenfels über Rhöndorf empor. An seinen feuerspeienden Bewohner erinnert nur die nachgebaute Höhle. Rheinsteig-Wanderer genießen vor allem die sagenhafte Aussicht bis weit in die Eifel.

Die Fachwerkhäuschen Rhöndorfs liegen schnell hinter uns, wenn wir am Waldfriedhof (1) wieder auf den Rheinsteig stoßen und den Aufstieg zum Drachenfels beginnen. Wir folgen dem geteerten Weg nach links und erreichen, kaum aus den Bäumen hervorgetreten, das Ulanendenkmal von Rhöndorf. Von hier kann man einen schönen Ausblick auf das Rheintal genießen und vor den kommenden knapp 180 Höhenmetern noch mal richtig durchschnaufen.

Der schmale Weg führt uns zügig bergan. Nach nur 350 m mündet der Pfad auf einen breiten Wirtschaftsweg, der in weiten Kurven kontinuierlich Höhe gewinnt. Bei der mitten im schönsten Buchenhochwald gelegenen Dr. Horster Hütte überschreiten wir die 200 m Hö-

henlinie. Kurz hinter der Hütte verengt sich der breite Weg zum Pfad. In Serpentinen krabbeln wir weiter aufwärts, sehnen die Aussichtsterrasse herbei ...

Doch bereits unterhalb des eigentlichen Ziels erwartet uns nach insgesamt 1.5 km ein herrlicher Blick von einem Felsvorsprung. Anders als am Drachenfels tummeln sich hier keine Menschenmassen – und wir genießen in aller Ruhe die Weitsicht über das breite Rheintal.

Eigentlich steigt der Rheinsteig nun vollends zur Bergstation der Drachenfelsbahn (2) auf, die Deutschlands älteste Zahnradbahn ist. Die neu gestaltete Terrasse vor dem gläsernen Restaurant bietet neben der Einkehrmöglichkeit eine phantastische Aussicht. Über den

Eselspfad wandern wir abwärts Richtung Schloss Drachenfels und passieren dabei auch eine Gedenktafel für Hans Cloos, einen berühmten Geologen, der auf dem Gebiet der Tektonik forschte.

Nach insgesamt **2.5 km** treffen wir am Schloss Drachenburg **(3)** nahe der Mittelstation der Bahn ein, unterqueren die Gleise und wandern zum Burghof. Über einen befestigten Weg führt uns der Rheinsteig im Schatten des Waldes abwärts zum Abzweig ins Nachtigallental, das wir aber links liegen lassen. Wir wandern dagegen sanft bergan durch den attraktiven Wald, passieren eine Schutzhütte und erspähen über eine Wiese hinweg den ersten Blick zum Petersberg.

Nach **3.9 km** treffen wir dann am Milchhäuschen **(4)** ein, einem beliebten Ausflugslokal direkt am Rheinsteig. Waldwege führen uns nun bergan zum Geisberg **(5)**, dessen Aussicht uns neue Perspektiven auf den Drachenfels und das Rheintal eröffnet. Vorbei am Guillaume Häuschen laufen wir durch abwechslungsreichen Wald hinunter zum Mirbesbachtal und zur L331, die wir per Fußgängersteg **(6)** überwinden. Der Aufstieg über Waldwege bringt uns an den Rand einer großen Waldwiese, auf der uralte Baumriesen ihre Kronen gen Himmel recken. Wir umrunden die Wiese mit einem Rechtsbogen und stoßen an einer Schutzhütte auf einen

Ausblick am Drachenfels.

Forstweg. Dem folgen wir nach links zum Ende der Wiese, wo ein Pfad uns vollends hinauf zum Petersberg bringt. Gut 200m nach einem Bildstock durchschreiten wir das erste der alten Gittertore, die einst für den Schutz des ehemaligen Gästehauses der Bundesrepublik sorgten.

Heute beherbergt das Haus auf dem Petersberg ein Nobelhotel. Bevor wir zur Umrundung des Areals ansetzten, bietet sich gleich rechts neben dem Tor nach **9.1 km** eine schöne Aussicht auf das Siebengebirge **(7)**.

Von der Vorderfront des Hotels kann man ebenfalls einen traumhaften Blick auf das Rheintal werfen, bevor man über einen Fußweg das umzäunte Gebiet hinter sich lässt. Steil geht es abwärts durch den bezaubernd schönen Hochwald. Einige Wegkreuzungen mit neuen Wegweisersteinen sorgen für Abwechslung. Schließlich erreichen wir nach insgesamt **11 km** eine Wiese und sehen 200 m voraus das Ziel der heutigen Wanderung: das ehemalige Kloster Heisterbach (8). Bevor wir im nahen Heisterbacherrott, Thomasberg oder Oberdollendorf Quartier beziehen, nehmen wir uns Zeit für einen Rundgang, denn besonders die Chorruine ist sehenswert.

Bildstock am Wegesrand.

Bad Honnef, Rathausplatz 2, 53604 Bad Honnef ☏ 02224/9882746

Waldrestaurant Einkehrhaus Waidmannsruh, Rosenau 13, 53639 Königswinter ☏ 02223/24520 ▶ 0 km
■ Milchhäuschen, Elsinger Feld 1, 53639 Königswinter ☏ 02223/909000 ▶ 0 km
■ Auf dem Drachenfels ☏ 02223/21935 ▶ 0.1 km

Hotel Bergischer Hof, Drachenfelsstr. 33, 53639 Königswinter ☏ 02223/22276 ▶ 1.3 km
■ Haus Schlesien, Dollendorfer Str. 412, 53639 Königswinter/Heisterbacherrott ☏ 02244/8860 ▶ 1.9 km

Rhöndorf und Oberdollendorf sind gut mit der Bahn erreichbar. ☏ www.vrsinfo.de

Taxi Esser ☏ 02223/22500
■ Taxi Krahe ☏ 02223/4696

Beeindruckend ragt Schloss Drachenburg neben Rheinsteig und Drachenfelsbahn empor. Das Schloss wurde aufwendig restauriert und erstrahlt nun wieder in vollem Glanz. Im Schloss werden wechselnde Ausstellungen zu unterschiedlichen Themen präsentiert. ☏ www.schloss-drachenburg.de

In Königswinter bietet Sea-Life mit einem Unterwassertunnel tolle Einblicke in die Unterwasserwelt. Eine Sonderausstellung widmet sich den Seepferdchen. ☏ 02223/297297 ☏ www.sealifeeurope.com

Von der Burg zum Steinbruch

Bereits um 1140 gab Erzbischof Arnold von Merxheim die Burg auf dem Drachenfels in Auftrag. Gemeinsam mit der ebenfalls hoch über dem Siebengebirge ab 1181 erbauten Wolkenburg sollte sie als Bollwerk gegen die Ansprüche der Nachbarn dienen. Beiden Burgen bekamen die Wirren des 30-jährigen Kriegs schlecht. Die Drachenfels wurde beispielsweise 1638 von den Schweden erobert und teilweise zerstört. In den folgenden Jahrhunderten dienten beide Burgruinen als Steinbruch. Während wir heute von der Drachenfels noch Reste besichtigen können, ist von der Wolkenburg nach der Steinausbeutung gar nichts übrig. Der Drachenfels blieb dieses Schicksal erspart, sie wurde bereits 1829 unter Denkmalschutz gestellt und ist ein beliebtes Ausflugsziel.

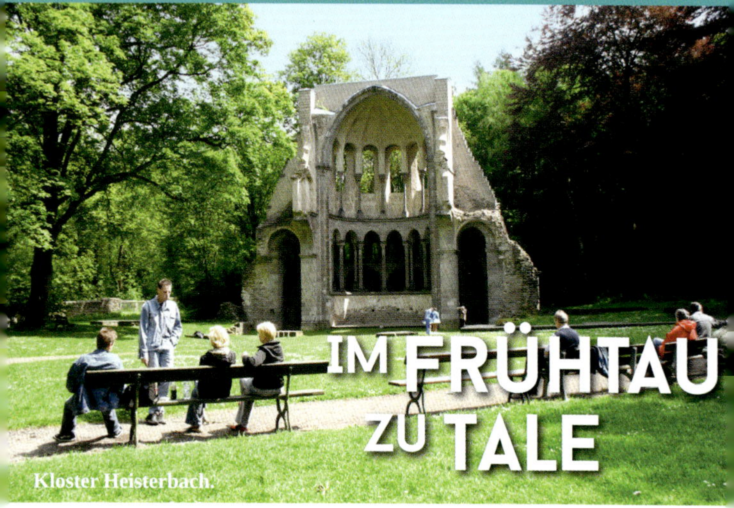

Kloster Heisterbach.

- **Start:** Kloster Heisterbach
- **Ziel:** Bonn
- **Gesamtlänge:** 15.7 km
- **Gesamtzeit:** 4 Std. 45 Min.
- **Anspruch:**
- **Kalorien:** ♀ 850 ♂ 999
- **Tour Download:** E2XTX6PR

- **Anfahrt:** Kloster Heisterbach erreicht man vom Rheintal über Oberdollendorf mit der L 268.

- **Rückfahrt:** Bonn ist durch das Rheintal über die B 9 und die B 42 oder über Autobahnen erreichbar.

scan to go

QR-Code aus der App „traumtouren" einscannen und Route anzeigen lassen.

- **Parken:**
- Kloster Heisterbach
  N50° 41' 46.8" • E7° 12' 41.7"
- Dornheckensee
  N50° 43' 41.6" • E7° 09' 56.6"
- Kündinghofen „Im Meisengrund"
  N50° 43' 54.6" • E7° 09' 16.4"
- Bonn Landgrabenweg
  N50° 43' 18.5" • E7° 08' 33.4"

- **Wegpunkte:**
  P1: Kloster Heisterbach
  32 U 373659 5617574
  P2: Rheinblick Hütte („Hülle")
  32 U 372249 5618399
  P3: Blauer See
  32 U 370784 5620541
  P4: Parkplatz Dornheckensee
  32 U 370543 5621208
  P5: Foveaux Häuschen
  32 U 369949 5621537
  P6: Rheinufer 32 U 368752 5620359
  P7: Bonn Marktplatz
  32 U 366074 5622108

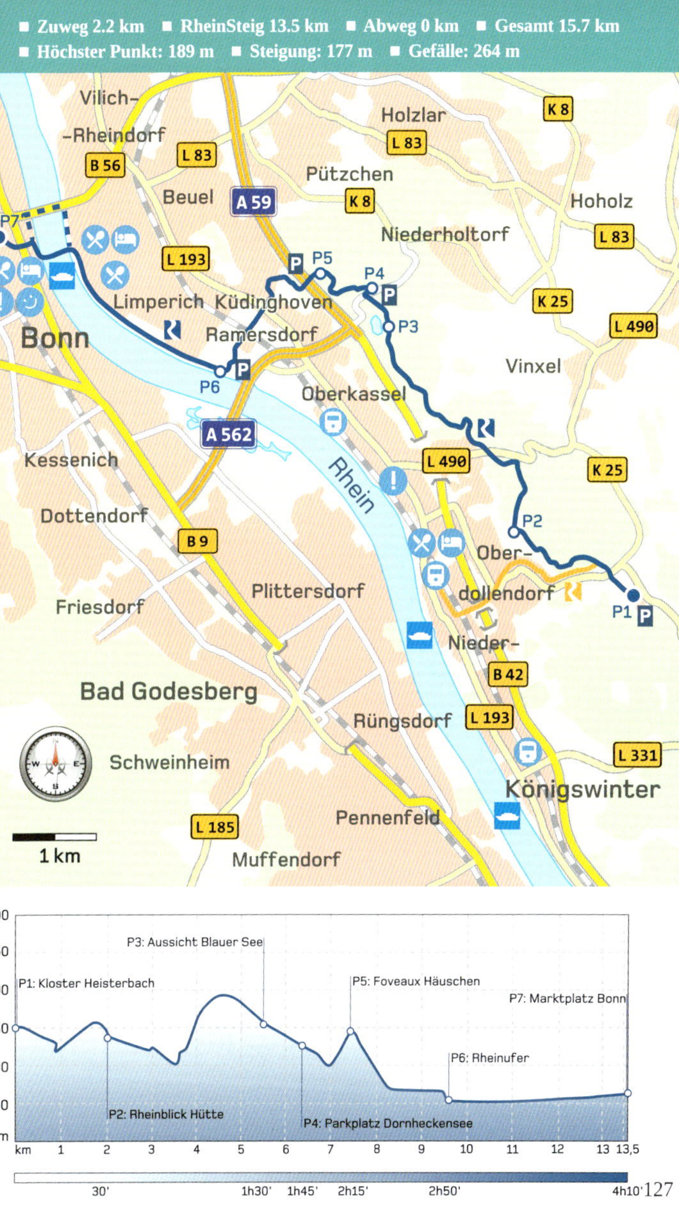

Zuweg 2.2 km   RheinSteig 13.5 km   Abweg 0 km   Gesamt 15.7 km
Höchster Punkt: 189 m   Steigung: 177 m   Gefälle: 264 m

Vilich-
-Rheindorf
B 56
L 83
Beuel
A 59
Holzlar
L 83
K 8
Pützchen
K 8
Hoholz
L 83
Niederholtorf
P7
L 193
P5
P4
P
P
Limperich   Küdinghoven
K 25
L 490
Bonn
Ramersdorf
P3
P6
P
Oberkassel
Vinxel
A 562
Rhein
L 490
K 25
Kessenich
P2
Dottendorf
Ober-
dollendorf
B 9
K 25
Plittersdorf
P1
P
Friesdorf
Nieder-
B 42
Bad Godesberg
L 193
Rüngsdorf
L 331
Schweinheim
Königswinter
L 185
Pennenfeld
1 km
Muffendorf

300
250
200
150
100
50
m

P3: Aussicht Blauer See
P1: Kloster Heisterbach
P5: Foveaux Häuschen
P7: Marktplatz Bonn
P6: Rheinufer
P2: Rheinblick Hütte
P4: Parkplatz Dornheckensee

km 1 2 3 4 5 6 7 8 9 10 11 12 13 13,5

30'   1h30' 1h45' 2h15'   2h50'   4h10'

Sanfter Endspurt: Auf der Schlussetappe des Rheinsteigs verlassen wir die üppigen Wälder des Siebengebirges, finden zurück an die Hangkante und steigen ab zum Rheinufer. Krönender Abschluss der Rheinsteigwanderung ist ein Bonner Stadtbummel.

An der altehrwürdigen Mauer von Kloster Heisterbach (1) starten wir die letzte Rheinsteigtour. Zunächst laufen wir am Waldrand entlang zur nahen L 268 und queren sie. Auf der anderen Straßenseite erwartet uns ein leicht abfallender Weg durch den lichten Laubmischwald. Schon nach insgesamt **850 m** zweigt nach links der RV-Weg ins Mühlenbachtal und weiter nach Oberdollendorf ab. Wir bleiben dem Rheinsteig treu.

Durch bunten Mischwald schreiten wir voran, gewinnen sogar einige Höhenmeter. Doch der Wald weicht bald zurück, und wir treffen am Waldrand wieder auf Rebstöcke. Entlang des

! Das Brückenhofmuseum im Ortskern des Weinorts Oberdollendorf, Bachstraße 93 liegt direkt am Rheinsteigzuweg. Interessant sind die Schusterwerkstatt und die alte Küche; wechselnde Sonderausstellungen. 📞 02223/912623

Weinbergs laufen wir nach rechts auf eine Geländenase zu: Pause! Ein kleiner Abstecher führt zur Schutzhütte, wo wir nach **2.1 km** eine betörende Aussicht auf Niederdollendorf, das Rheintal und Bonn genießen. Bei gutem Wetter reicht der Blick über die Kuppen der Eifel: Die Hütte Rheinblick (2) trägt ihren Namen vollkommen zu Recht!

Ausblick vom Siebengebirge zum Rheintal.

Wir verlassen die offene Landschaft und biegen hinter der Hütte in den Niederwald ein, der wenig später durch eine Waldwiese aufgelockert wird. Der Rheinsteig verläuft als breiter Weg und führt uns ganz gemütlich Richtung Bonn. Sachte geht es etwas abwärts. Wir nähern uns der L 409, schlagen aber in Sichtweite der Straße noch einen kleinen Bogen nach links. Zwischen den ersten Häusern von Oberkassel queren wir schließlich innerorts die Landstraße. Auf der anderen Seite laufen wir zunächst geradeaus, biegen aber, den Rheinsteiglogos folgend, nach etwa 100 m rechts ab. Wir folgen dem Fußweg zum Kucksteinweg, der uns weiter nach rechts leitet. Mittlerweile sind wir am Waldrand und der kurze Hohlweg führt uns zügig aufwärts. Nach insgesamt **4.1 km** schwenken wir links auf einen etwas breiteren Waldweg und wandern, noch immer bergan, tiefer in den Laubwald hinein.

Wenig später lohnt sich nach **5.4 km** ein kurzer Abstecher zu einem Aussichtspunkt, der uns den Blick über die Hangkante hinweg Richtung Bonn erlaubt. Der Ausblick auf den Blauen See (3) imponiert uns. Ebenso wie der wenig später folgende Dornheckensee sind die Gewässer aber nicht zum Baden geeignet, da der geflutete Untergrund der ehemaligen Steinbruchareale unberechenbar ist. Schwimmer würden Leib und Leben riskieren. Auch wenn es noch so verlockend ist: Baden ist strengstens verboten. Wir passieren weitere Ausblicke zum Rheintal, bis wir nach **6.4 km** an der K 8 den Parkplatz Dornheckensee (4) erreichen.

Nach Querung der K 8 tauchen wir erneut in Niederwald ein und queren einen kleinen Bach. Schließlich kommen wir der A 59 an einer Hochbrücke sehr nah. Hier befindet sich auch eine Weggabelung, an der wir uns rechts halten und den letzten Anstieg des Rheinsteigs

Foveaux Häuschen.

beginnen. Nur gut 50 Höhenmeter sind zu überwinden, bis wir nach insgesamt **7.4 km** am Foveaux Häuschen (5) eintreffen. Nun geht es nur noch abwärts! Ein schöner Waldpfad führt uns bergab und mündet auf einer Treppe, die uns zum Fußgängersteg über die A 59 bringt. Ein Schwenk nach rechts und etwa 400 m später stehen wir an der Kirche von Kündinghoven. Der Wald ist passé, Zivilisation umgibt uns!

Über Kirchstraße und Flutgraben gelangen wir zur Königswinterer Straße, die wir ebenso wie die S-Bahntrasse überqueren. Nach einer großen Bahnunterführung finden wir uns im weitläufigen

Areal der Telekom wieder, laufen aber weiter geradeaus. Schließlich steht nur noch eine Kreuzung zwischen uns und den Rheinauen. Per Ampel erreichen wir die Grünanlagen, und nach insgesamt **9.6 km** stehen wir am Rheinufer (6)! Nach über 320 km Rheinsteig können wir unsere Füße im kühlen Nass erfrischen und buchstäblich mit dem Rhein auf Tuchfühlung gehen. Die letzten Kilometer folgen wir den ufernahen Pfaden und Wegen, später der breiten Uferpromenade.

Noch einmal haben wir die Wahl: Kennedybrücke oder Personenfähre? Egal wie, wir gelangen ans linke Rheinufer und erreichen schließlich das Ziel, den Marktplatz in Bonn (7), wo nach **13.5 km** nicht nur diese Etappe, sondern auch der Rheinsteig endet oder beginnt ...

Das Ziel: Marktplatz Bonn.

Tourist-Info Bonn, Berliner Platz 2, 53111 Bonn ☎ 0228/775000 ⏰ www.bonn.de

Restaurant Der Bredershof, Hauptstr. 128, 53629 Königswinter ☎ 02223/1850 ▷ 2.4 km

Pension Ley, Heisterbacherstr. 155, 53639 Königswinter-Oberdollendorf ☎ 02223/26183 ▷ 0.7 km

■ Hotel-Restaurant Zur Post, Königswinterer Str. 309, 53227 Bonn ☎ 0228/972940 ▷ 0.2 km

■ Bonn - Wohnmobilstellplatz Rheinaue Ludwig-Erhard-Allee (direkt neben der A562), 53175 Bonn-Hochkreuz ☎ 0228/775000

■ Wohnmobilstellplatz Josefshöhe An der Josefshöhe / Ecke Dubliner Straße, 53117 Bonn-Auerberg ☎ 0228/775000

■ Jugendherberge Bonn Haager Weg 42, 53127 Bonn ☎ 0228/28997-0

Oberdollendorf und Bonn sind gut mit der Bahn erreichbar. ⏰ www.vrsinfo.de

Taxi Bonn ☎ 0228/555555

Bonn hat sich zur Museumsstadt gemausert. Besonders interessant ist ein Bummel auf der Museumsmeile mit dem Haus der Geschichte und der Bundeskunsthalle. ⏰ www.bonn.de

Das Arithmeum baut Ängste vor der Mathematik ab! Auf dem Weg durch das Museum können Besucher auf historischen Maschinen rechnen. ⏰ www.arithmeum.uni-bonn.de ☎ 0228/738790

Von der Wasserburg zum Schloss

1715 gab Kurfürst Clemens Robert de Cotte den Auftrag, an der Stelle wo ehemals eine mittelalterliche Wasserburg stand, das prächtige Schloss Clemensruhe (der ursprüngliche Name) zu bauen. Erst 1753 vollendete der bekannte Baumeister Balthasar Neumann das Schloss. Heute beherbergt das noch immer herrschaftliche Gebäude das Mineralogische Institut der Universität Bonn (sehenswertes Museum) sowie das Zoologische Institut. Das Schloss wird vom Botanischen Garten umgeben, in dem es viele seltene Pflanzen gibt.

Register

Register

Stimmungsvoll: Sonnenuntergang im Siebengebirge

Rheinpark-Therme Bad Hönningen

...olung und Wellness auf der Sonnenseite des Rheins

...ekt am Rheinufer gelegen befindet sich die Kristall Rheinpark-Therme,
...Sie mit ihrer Thermen- und Saunalandschaft begeistern wird.

...nenbecken • Ganzjahres-Außenbecken • Restaurant/Café
...nen- und 2 Gondel-Außen-Saunen • 2 Dampfbäder • Osmani-
...er Hamam • Massagebereich • Whirlpool • Sauna-Restaurant
...npingplatz – ganzjährig geöffnet

...w.kristall-rheinpark-therme.de · www.wellness-rheinpark-camping.de

...e St. Pierre les Nemours 1 · 53557 Bad Hönningen
...(0 26 35) 95 21 10 · Fax 95 21 15

Reisemobil-
Stellplätze

...nungszeiten außer 24.12. Mo, Di, Do, So 9 – 22 Uhr · Mi, Fr, Sa 9 – 23 Uhr

GPS: So funktioniert´s

▶ EINFACH HIMMLISCH GEFÜHRT

Besitzer von GPS-Navigationsgeräten (Outdoor-Geräte oder Smartphones) kommen nie vom Weg ab und wissen immer, wo sie gerade sind: In allen Rad- und Wanderführern des ideemedia-Verlags finden Sie die Rad-, Wander- und Erlebnisrouten für Outdoor-Navigationsgeräte. Die Touren liegen im weit verbreiteten *gpx-Format vor.

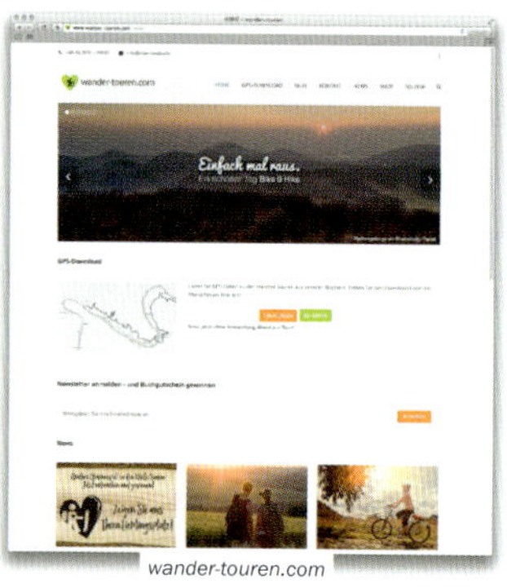

wander-touren.com

Mit dem kostenlosen Programm BaseCamp von Garmin ist es möglich, die Tracks anzusehen, zu bearbeiten und direkt auf Garmin-Geräte zu laden. Dieses Programm kann auch ohne die zusätzlich zu kaufende Karte eingesetzt werden, bietet dann aber nur eine globale Karte ohne Details. BaseCamp läuft zudem auch auf Apple Computern. Alle anderen Hersteller von Outdoor-GPS-Geräten bieten ebenfalls kostenlose Programme an. Allerdings müssen Sie meistens auch eine digitale Karte erwerben, um den Track am PC und auf Outdoor-Geräten auf der Karte zu sehen. Für PC-Nutzer ist auch die Software MagicMaps Tour Explorer empfehlenswert. In OpenStreetMaps oder Google Maps können die Daten mit Hilfe eines GPX Viewer angezeigt werden. Diese Kartenansicht können Sie für unterwegs zum persönlichen Gebrauch ausdrucken.

▶ DIREKT ZUM PREMIUM-TRACK: SO FUNKTIONIERT ES

Zum Download der Routen benötigen Sie entsprechende Tour-Codes. Diese finden Sie unter anderem jeweils am Anfang der einzelnen Kapitel oder am Ende. Auf der Internetseite www.wander-touren.com geben Sie den Code ein. Eine gesonderte Anmeldung ist nicht mehr erforderlich. Sie bestätigen mit der Downloadanfrage, dass Sie im Besitz des entsprechenden Buches (Print oder elektronische Ausgabe) sind. Wenn Sie per Mail über Updates informiert werden möchten, melden Sie sich bitte unter www.wander-touren.com zum Newsletter an.

Als Buchbesitzer können Sie die Daten als Datei im weit verbreiteten *gpx-Format als Einzeltour laden und danach auf Ihrem PC ablegen. In einzelnen Fällen können die Daten hinter den Codes auch gebündelt als *.zip-Datei verpackt vorliegen, die Sie vor der weiteren Verwendung entpacken müssen.

Als Nächstes müssen Sie die gewünschte Tour auf Ihr Navigationsgerät übertragen. Für die meisten GPS-Outdoor-Geräte ziehen Sie einfach den Track von Ihrem Desktop nach Verbinden des GPS-Geräts mit dem Computer in das GPS-Verzeichnis Ihres Outdoor-Geräts, das Sie als Laufwerk auf dem Desktop sehen. Sollte Ihr GPS-Gerät ein besonderes Format verlangen, so können Sie den Track mit der Software RouteConverter in fast jedes Format konvertieren. RouteConverter ist ein kostenloses GPS-Werkzeug, um Routen, Tracks und Wegpunkte anzuzeigen, zu bearbeiten und zu konvertieren. Es läuft sowohl auf PC als auch auf Apple Computern. Zur Übertragung der Tour-Daten können Sie auch die Ihrem Kartenprogramm oder Ihrem Navigationsgerät beigelegte Software nutzen. Bei Problemen mit der Übertragung der Daten auf Ihr Navigationssystem wenden Sie sich bitte an Ihren Hersteller oder Lieferanten. Sollte der von Ihnen verwendete Internet-Browser den Daten-Download blockieren, kontrollieren Sie bitte Ihre Sicherheitseinstellungen und beachten die Angaben des Anbieters.

▶ GPS FÜR SMARTPHONES/IPHONES

GPS-Daten auf ein Smartphone zu laden, ist inzwischen recht einfach und funktioniert mit mehreren Apps sowohl für iPhones als auch für Android-Geräte. Unser Tipp: Laden Sie sich verschiedene Apps auf Ihr Gerät und testen Sie, mit welcher Software Ihr Gerät fehlerfrei arbeitet. Laden Sie nun von www.wander-touren.com den *.gpx-Track herunter und öffnen ihn mit einem geeigneten Programm. Meist schlägt das Betriebssystem eine Auswahl geeigneter Programme vor. Probleme kann es evtl. mit den Karten geben, wenn diese unterwegs über das Netz geladen werden müssen. Von Netzproblemen abgesehen, kann das zu hohen Downloadkosten führen.

GPS für Smartphones

▶ **GRATIS-APP traumtouren: SCANNEN, LADEN, LOSLEGEN**

Wesentlich einfacher geht es mit der neuen App „traumtouren", die Sie für Smartphones und Tablet-PCs als kostenlose Basis-Version über GooglePlay (Android) und iTunes App-Store (iOS) laden können. Via Tour-Code oder über das Scannen des QR-Codes aus der App heraus können Sie dann schnell, einfach und bequem die komplette Tour auf Ihr Smartphone oder Tablet übertragen. Neben der Wegstrecke erhalten Sie zusätzliche Kurzinfos, sehen (bei bestehender Mobilfunk- bzw. Satellitenverbindung) Ihren aktuellen Standort und können der vorgeschlagenen Route folgen. Die App ist auf einfache Bedienbarkeit ausgelegt und auf die wesentlichen Funktionen für unterwegs reduziert. Bedenken Sie bitte: Je nach Mobilfunkvertrag können für die Nutzung der Verbindung Kosten anfallen. Die App ist nicht Bestandteil des Buchkaufs, die Verfügbarkeit ist nicht garantiert. Bitte beachten Sie die gesonderten Nutzungsbedingungen. Eine ausführliche Anleitung zur Bedienung der App finden Sie auf www.wander-touren.com/www/app-hilfe.

Bitte beachten: Wenn Sie den QR-Code nicht aus der App herausscannen, öffnet sich Google Maps, und es wird Ihnen der Startpunkt der Tour angezeigt.

▶ **ALLGEMEINE HINWEISE**

Alle Daten wurden auf Fehlerfreiheit geprüft und werden bei Änderungen der Wegführung nach Verfügbarkeit aktualisiert. ideemedia übernimmt keine Haftung für mögliche Abweichungen, Vollständigkeit, Verfügbarkeit und Einsatz auf allen Navigations-Modellen. Sollte ein Gerät das Laden von GPS-Daten nicht ermöglichen, so wenden Sie sich in diesem Fall bitte an den Hersteller. Die Nutzung der Tour-Downloads ist nur Buchbesitzern zur privaten Verwendung gestattet, eine Weitergabe an Dritte sowie das Vervielfältigen auf Datenträgern jeder Art ist untersagt. Kommerzielle Nutzung ist nur nach schriftlicher Vereinbarung mit ideemedia gestattet. Idee, Konzeption und Daten sind urheberrechtlich geschützt. Die Daten enthalten einen Sicherheitscode. Eine Vervielfältigung zur Verteilung oder Verlinkung ist strikt untersagt und kann bei Missbrauch zu Schadenersatzforderungen führen.

AhrSteig

Das Start-Set
Buch & Karte 1:25 000

232 Kilometer Wandergenuss

www.ideemediashop.de

Sonderpreis 18,95 €   ISBN 978-3-934342-64-4

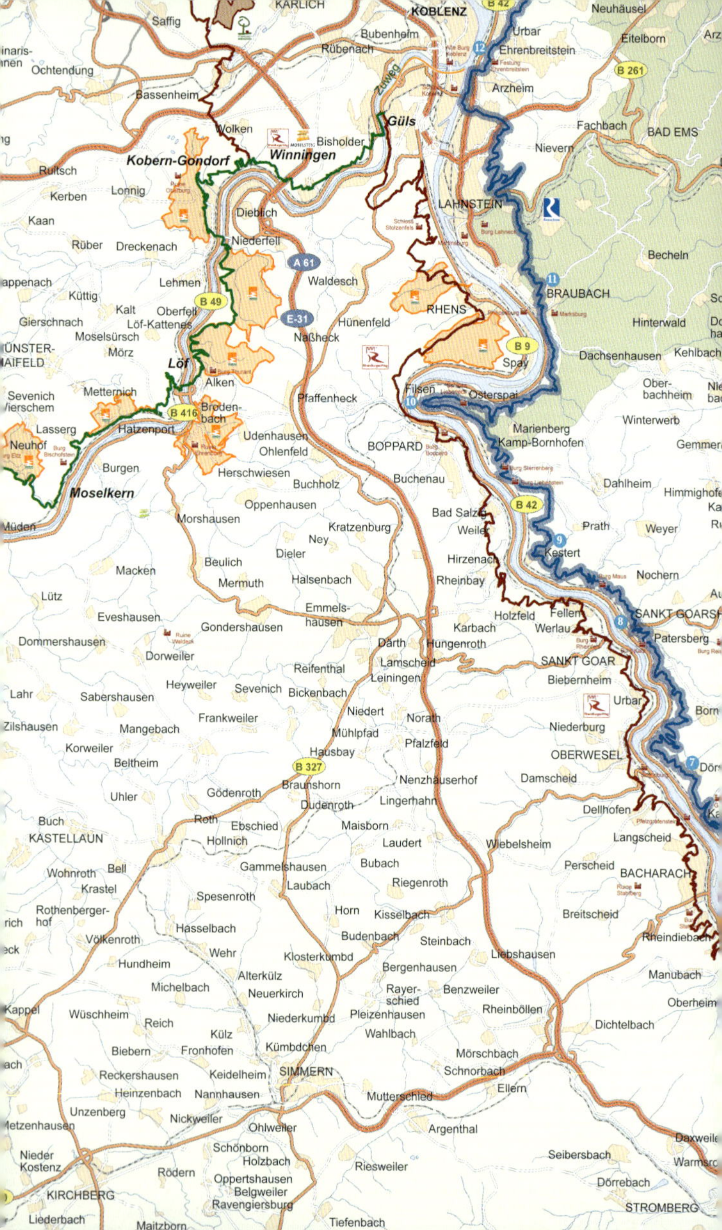

KARLICH
KOBLENZ
B 42
Neuhäusel
Saffig
Bubenheim
Urbar
Eitelborn
Arzb
Ochtendung
Rübenach
Ehrenbreitstein
naris-
Alte Burg Koblenz
12
nnen
Schloss Koblenz
Festung Ehrenbreitstein
B 261
Bassenheim
Arzheim
Fachbach
BAD EMS
Wolken
Rultsch
MOSELSTEIG
Bisholder
Güls
Nievern
ha
Kobern-Gondorf
Winningen
LAHNSTEIN
Burg Lahneck
R
Kerben
Lonnig
Dieblich
Schloss Stolzenfels
Becheln
Kaan
Niederfell
Martinsburg
Rüber
Dreckenach
A 61
11
BRAUBACH
appenach
Lehmen
Waldesch
Marksburg
Hinterwald
D
Küttig
B 49
Oberfell
Kalt
Hünenfeld
RHENS
Dachsenhausen
Kehlbach
Gierschnach
Löf-Kattenes
Naßheck
B 9
Ober-
Nie
Moselsürsch
Mörz
Spay
bachheim
bac
ÜNSTER-
AIFELD
Löf
Burg Thurant
Alken
Filsen
Osterspai
Winterwerb
Sevenich
ierschem
Metternich
Pfaffenheck
10
Marienberg
Kamp-Bornhofen
Ober-
Lasserg
B 416
Brodenbach
BOPPARD
Burg Boppard
Neuhof
Hatzenport
Udenhausen
Burg Sterrenberg
Dahlheim
Himmighofe
Burg Eltz
Burg Bischofstein
Burg Ehrenburg
Ohlenfeld
Burg Liebenstein
Ka
Burgen
Herschwiesen
Buchenau
Moselkern
Buchholz
Buchenau
Dahlheim
Müden
Morshausen
Oppenhausen
Bad Salzig
Weiler
Prath
Weyer
Ru
Macken
Kratzenburg
9
Lütz
Beulich
Ney
Dieler
Hirzenach
Kestert
Nochern
Dommershausen
Mermuth
Halsenbach
Rheinbay
Burg Maus
Au
Eveshausen
Gondershausen
Emmels-
hausen
Karbach
Holzfeld
Fellen
SANKT GOARSH
Ruine Waldeck
Werlau
8
Patersberg
Lahr
Dorweiler
Därth
Hungenroth
Burg Rheinfels
Burg Rei
Sabershausen
Heyweiler
Sevenich
Bickenbach
Lamscheid
SANKT GOAR
Zilshausen
Reifenthal
Leiningen
Biebernheim
Frankweiler
Niedert
Norath
Urbar
Born
Korweiler
Mühlpfad
Pfalzfeld
Niederburg
Mangebach
Hausbay
Nenzhäuserhof
OBERWESEL
Uhler
Beltheim
B 327
Lingerhahn
Damscheid
7
Dörs
Buch
Gödenroth
Braunshorn
Dellhofen
Ka
Pfalzgrafenstein
KASTELLAUN
Roth
Dudenroth
Langscheid
Ebschied
Maisborn
Wiebelsheim
Wohnroth
Bell
Hollnich
Laudert
Perscheid
BACHARACH
Krastel
Gammelshausen
Bubach
Liebshausen
Ruine Stahlberg
Rothenberger-
hof
Spesenroth
Laubach
Riegenroth
Breitscheid
rich
Völkenroth
Wehr
Horn
Kisselbach
Rheindiebach
Burg Sta
Kappel
Hundheim
Hasselbach
Budenbach
Steinbach
Bergenhausen
Manubach
Michelbach
Klosterkumbd
Rayer-
schied
Benzweiler
Oberheim
Wüschheim
Reich
Alterkülz
Neuerkirch
Pleizenhausen
Rheinböllen
eck
Külz
Niederkumbd
Wahlbach
Dichtelbach
Kappel
Bieber
Fronhofen
Kümbdchen
Mörschbach
Reckershausen
Keidelheim
SIMMERN
Schnorbach
Ellern
Daxweile
Nieder
Heinzenbach
Nannhausen
Mutterschied
Seibersbach
Kostenz
Nickweiler
Ohlweiler
Argenthal
Warmsr
Metzenhausen
Unzenberg
Schönborn
Holzbach
Riesweiler
Dörrebach
Rödern
KIRCHBERG
Oppertshausen
Belgweiler
Ravengiersburg
STROMBERG
Liederbach
Maitzborn
Tiefenbach

Rheinsteig
RheinBurgenWeg
Moselsteig
Traumpfade

Touren im Überblick:
1 Wiesbaden
2 Rauenthal
3 Kühn's Mühle
4 Rüdesheim
5 Assmannshausen
6 Lorch
7 Dörscheid
8 St. Goarshausen
9 Kestert
10 Filsen
11 Braubach
12 Ehrenbreitstein

1 km

BONN
HENNEF
KÖNIGS WINTER
BAD HONNEF
UNKEL
REMAGEN
LINZ am Rhein
BAD BREISIG
BAD HÖNNINGEN
ANDERNACH
WEISSENTHURM
NEUWIED
BAD NEUENAHR-AHRWEILER
MENDIG
MAYEN
Maria Laach
Kobern-Gondorf
B 56
B 9
A 3
E-35
E-31
A 61
B 42
B 256
B 262
B 258

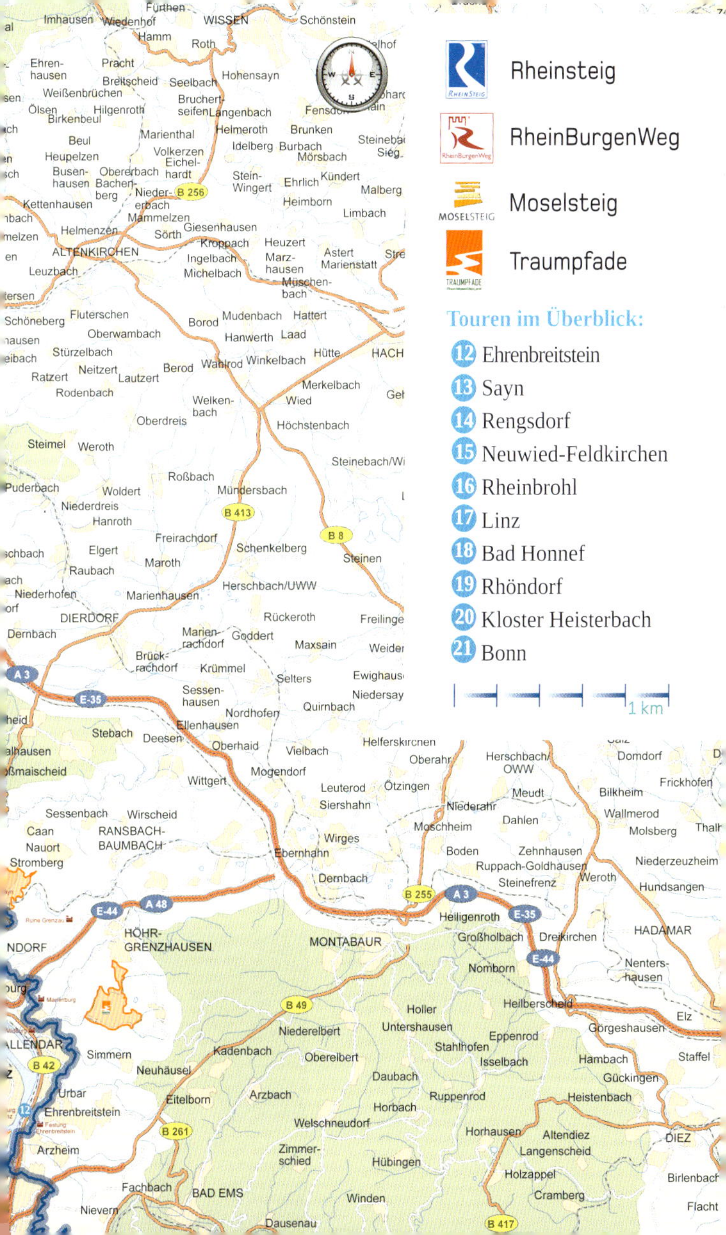

Rheinsteig
RheinBurgenWeg
Moselsteig
Traumpfade

Touren im Überblick:
12 Ehrenbreitstein
13 Sayn
14 Rengsdorf
15 Neuwied-Feldkirchen
16 Rheinbrohl
17 Linz
18 Bad Honnef
19 Rhöndorf
20 Kloster Heisterbach
21 Bonn

1 km

WISSEN
Fürthen
Imhausen
Wiedenhof
Schönstein
Hamm
Roth
Ehren-hausen
Pracht
Hohensayn
Breitscheid
Seelbach
Weißenbrüchen
Bruchertseifen
Langenbach
Ölsen
Hilgenroth
Fensdorf
Birkenbeul
Helmeroth
Brunken
Beul
Marienthal
Idelberg
Burbach
Steinebach/Sieg
Heupelzen
Volkerzen
Mörsbach
Busenhausen
Obererbach
Eichelhardt
Stein-Wingert
Ehrlich
Kündert
Bachenberg
Nieder-erbach
B 256
Malberg
Kettenhausen
Heimborn
Mammelzen
Limbach
Helmenzen
Sörth
Giesenhausen
ALTENKIRCHEN
Kroppach
Heuzert
Astert
Leuzbach
Ingelbach
Marzhausen
Marienstatt
Michelbach
Müschenbach
Schöneberg
Fluterschen
Borod
Mudenbach
Hattert
Oberwambach
Hanwerth
Laad
HACH
hausen
Stürzelbach
Hütte
Ratzert
Neitzert
Berod
Wahlrod
Winkelbach
Lautzert
Merkelbach
Rodenbach
Welkenbach
Wied
Gel
Oberdreis
Höchstenbach
Steimel
Weroth
Roßbach
Steinebach/Wi
Puderbach
Woldert
Mündersbach
Niederdreis
Hanroth
B 413
Elgert
Freirachdorf
B 8
Raubach
Schenkelberg
Steinen
Maroth
Niederhofen
Herschbach/UWW
Marienhausen
DIERDORF
Rückeroth
Freilinge
Dernbach
Marienrachdorf
Goddert
Maxsain
Weider
Brückrachdorf
Krümmel
Selters
Ewighaus
A 3
Sessenhausen
Niedersay
E-35
Nordhofen
Quirnbach
Ellenhausen
Stebach
Deesen
Oberhaid
Helferskirchen
Herschbach/OWW
Domdorf
Vielbach
Oberahr
Frickhofen
Mogendorf
Ötzingen
Meudt
Bilkheim
Wittgert
Leuterod
Niederahr
Wallmerod
Siershahn
Dahlen
Molsberg
Thalt
Sessenbach
Wirscheid
Moschheim
Caan
RANSBACH-BAUMBACH
Wirges
Boden
Zehnhausen
Niederzeuzheim
Nauort
Ebernhahn
Ruppach-Goldhausen
Weroth
Stromberg
Steinefrenz
Hundsangen
Dernbach
B 255
A 3
Ruine Grenzau
E-44
A 48
Heiligenroth
E-35
HADAMAR
HÖHR-GRENZHAUSEN
MONTABAUR
Großholbach
Dreikirchen
NDORF
Nomborn
E-44
Nentershausen
Marienburg
Heilberscheid
burg
B 49
Holler
Elz
ALLENDAR
Niederelbert
Untershausen
Eppenrod
Görgeshausen
Simmern
Kadenbach
Oberelbert
Stahlhofen
Isselbach
Hambach
Staffel
B 42
Neuhäusel
Daubach
Gückingen
Urbar
Eitelborn
Arzbach
Ruppenrod
Heistenbach
Ehrenbreitstein
Horbach
Festung Ehrenbreitstein
B 261
Welschneudorf
Horhausen
Altendiez
DIEZ
Arzheim
Zimmerschied
Hübingen
Horhausen
Langenscheid
Fachbach
BAD EMS
Holzappel
Birlenbach
Nievern
Winden
Cramberg
Flacht
Dausenau
B 417

Impressum

Herausgeber: Uwe Schöllkopf (ideemedia GmbH)
Autoren: Ulrike Poller und Wolfgang Todt
Redaktion: Uwe Schöllkopf
Redaktionelle Mitarbeit: Anna Ley, Janina Kroener, Janina Seiler
Grafik/DTP/Produktion: Spiridon Giannakis, Dominik Molz
Verlag: ideemedia GmbH, Karbachstr. 22, D-56567 Neuwied
Telefon: 02631/9996-0 • Telefax: 02631/9996-55 • E-Mail: info@idee-media.de
Karten & Höhenprofile: KGS Kartografie Schlaich/ideemedia

Internet: www.ideemediashop.de • www.wander-touren.com • www.rheinsteig.de

Alle Angaben wurden nach bestem Wissen recherchiert und sorgfältig überprüft. Sollten sich dennoch Fehler eingeschlichen haben, bitten wir um Entschuldigung und Benachrichtigung.
Für Fehler übernimmt der Verlag keine Haftung. Aktuelle Änderungen, Downloads und Updates zum Buch finden Sie unter **www.wander-touren.com**

Erstausgabe 2019 © Die Idee, Büro für Kommunikation, Neuwied.
Das Werk ist einschließlich aller seiner Bestandteile urheberrechtlich geschützt. Jeder urheberrechtliche Verstoß ist rechtswidrig und strafbar. Jegliche Verwendung bedarf der Zustimmung des Verlags. Das gilt ebenfalls für Fotokopien, Übersetzungen, Nachahmungen, Mikroverfilmungen und Speicherung, Verarbeitung und Weitergabe in elektronischen Systemen. GPS-Daten stehen ausschließlich Buchkäufern zum kostenfreien Download und zur persönlichen Nutzung zur Verfügung. Dazu ist eine Anmeldung erforderlich.

Die Deutsche Bibliothek – CIP – Einheitsaufnahme: ISBN 978-3-942779-47-0

Titelbild: Uwe Schöllkopf
Fotos: Bonn Information; Olaf Goebel; Loreleytouristik; Kai und Uwe Schöllkopf; Marco Steinhauf; Michael Thomas; Wolfgang Todt; Andrea Wagner; Dorothea Zerres; Rüdesheim Tourist AG / K.-H. Walter; iStockphoto; Klaus-Peter Kappest / Projektbüro Traumpfade.

Rheinsteig® ist ein engetragenes Warenzeichen der Romantischer Rhein Tourismus GmbH.
Der Rheinsteig wurde im Herbst 2006 zum schönsten Weitwanderweg Deutschlands gewählt und ist mit dem Deutschen Wandersiegel ausgezeichnet. Infos zum Rheinsteig: **www.rheinsteig.de**

Autoren

Ulrike Poller studierte in ihrer Heimatstadt Würzburg Mineralogie und promovierte in der Schweiz über das Silvretta Massiv. 1995 kam sie als Wissenschaftlerin ans Max-Planck-Institut für Chemie in Mainz, wo sie zusammen mit Wolfgang Todt Altersbestimmungen durchführte.

Wolfgang Todt, aufgewachsen in Heidelberg, studierte Physik und Geologie. Von 1980 bis 2005 leitete er am Max-Planck-Institut für Chemie in Mainz die Arbeitsgruppe für Geochronologie.

Wolfgang Todt und Ulrike Poller sind verheiratet. Gemeinsam bemühen sie sich heute, die Qualität von Wanderwegen zu verbessern. Beide sind zudem Mitglied des Deutschen Wanderinstituts.
Infos unter: **www.schoeneres-wandern.de**